中考热点作家

深度还原考场真题，感受语文阅读题的魅力
一书在手，阅读写作都不愁

水墨色的麦浪

蒋建伟／著

 中国出版集团有限公司

世界图书出版公司

上海　西安　北京　广州

图书在版编目（CIP）数据

水墨色的麦浪 / 蒋建伟著 . — 上海：上海世界图
书出版公司 , 2023.9
　　ISBN 978-7-5232-0027-8

　　Ⅰ . ①水… Ⅱ . ①蒋… Ⅲ . ①阅读课—中学—教学参
考资料 Ⅳ . ① G634.333

中国国家版本馆 CIP 数据核字（2023）第 021577 号

书　　名	水墨色的麦浪	
	Shuimose de Mailang	
著　　者	蒋建伟	
责任编辑	孙妍捷	
出版发行	上海世界图书出版公司	
地　　址	上海市广中路 88 号 9-10 楼	
邮　　编	200083	
网　　址	http://www.wpcsh.com	
经　　销	新华书店	
印　　刷	天津市天玺印务有限公司	
开　　本	700mm×1000mm　1/16	
印　　张	14	
字　　数	181 千字	
版　　次	2023 年 9 月第 1 版　　2023 年 9 月第 1 次印刷	
书　　号	ISBN 978-7-5232-0027-8/G・806	
定　　价	39.80 元	

前　言

随着语文考试内容的改革，阅读的重要性逐渐凸显出来。近年来阅读题的比重在中高考考试中不断加大，阅读内容也越来越丰富，天文、地理、历史、科技等均有涉及；同时，体裁呈现多样化，涵盖散文、戏剧、小说、新闻等。文章涵盖面越来越广，意味着对学生阅读能力的要求越来越高。所以我们应该清晰地认识到，阅读能力的高低直接影响分数，如果阅读能力不过关，那么考试成绩肯定不会理想。

"读不懂的文章，做不完的题"一直是中学生面临的难点和困境。这就要求学生不能停留在过去的刷刷考卷、做做练习题，或是阅读一两本课外书的阶段，而是要最大限度地提升阅读能力，理解文章作者和出题人的意图，只有让学生进行大量有针对性的阅读，才是最切实有效的方法。

语文知识体系的构建和语文素质的养成，既需要重视课堂学习，又需要重视课外积累。那课外积累应该怎么做呢？高质量的课外阅读是非常有效的，这已经成为提升学生"综合竞争力"的有效手段。因此，我们策划出版了"中高考热点作家"课外阅读丛书，为广大中学生提供优质的课外读物。

这套系列丛书共18册，每册收录一位作者的作品，选取了该作者入选省级以上中高考语文试卷、模拟卷阅读题的经典作品，以及该作者未入选但适合中学生阅读的作品，帮助学生扩大阅读面，对标中高考。书中对每篇文章进行了赏析、点评和设题，能够助力学生阅读，有利于提升学生的文学素养、答题能力和答题速度。

本系列丛书收集了在国内中高考语文试卷阅读题中经常出现的18位"热点作家"杜卫东、高亚平、蒋建伟、刘成章、彭程、秦岭、乔忠延、沈俊峰、王剑冰、王若冰、王必胜、薛林荣、杨献平、杨海蒂、杨文丰、张庆和、朱鸿、张行健的优秀作品。这些"热点作家"入选中高考语文试卷阅读题的作品多以散文为主，他们的作品风格多样，内容丰富，但都具有很高的文学价值和浓郁的时代气息。这些作品不仅对中学生阅读鉴赏能力和写作水平的提升有促进作用，还对中学生的生活和学习具有启迪和指导意义，我们相信这套丛书会受到广大师生的喜爱和欢迎。

　　新中（高）考背景下的语文学习，阅读要放在首要位置。事实上，今后的中高考所有学科都会体现对语文水平的考查。不仅是语文试卷增加了阅读题的分量，其他学科也越来越注重对学生阅读理解能力的考查。提升阅读能力是一项任重道远的工作，重在培养兴趣，难在积累，贵在坚持。只要持之以恒，一定会有意想不到的收获。

目 录
CONTENTS

第三辑　一点最光明

▶ **作家带你练**

▶ **名师带你读**

第四辑　我家在哪里

▶ **作家带你练**

▶ **名师带你读**

第五辑　想象一场大雪

▶作家带你练
▶名师带你读

第一辑

中原风情

地，终于犁完了，爹熄掉了拖拉机，和娘他们慌忙地擦着犁刀上的黑土。土的墒情不怎么好，有些板结的黑土坷垃，稍稍大一点的，大约两块砖头那么大，用脚使劲踢几下，也踢不开。我只好跳上其中的一块，两脚各自踩了黑土坷垃的两头，猛地跳起来，落下去，落下去的一瞬，我把整个身体的重量集中在了脚上，使劲压下——压下——土坷垃裂成了三四瓣。

【2017 年山东省潍坊市中考】

阅读下面的文章，完成下列小题。（12 分）

隐逃的倭瓜

蒋建伟

①人会隐藏，瓜，也一样。

②可能是长得不好看，圆圆的扁，弯弯的长，一副窝窝囊囊的样子，也可能有自知之明，从夏天开始，它就一直隐藏在浓密肥大的叶子丛中，时刻寻找着逃跑的机会，不想让你逮住它。然而当冬天快要来了的时候，掀开这一丛那一丛的瓜秧，"呀"，瓜秧上、黄叶子背面的许多小刺儿一下扎住了手，接着是阻挡不住的突然的惊喜："倭瓜！满地跑的大倭瓜！"胆小的倭瓜们立马现出原形，大小老少，慌不择路，东西南北，满地乱跑。倭瓜金灿灿的，橘黄黄的，橘黄黄的，身上掺杂的那一丁点儿的绿，过不了几天也会变黄的。摘倭瓜的当儿，猫下腰，找到老根子往上一拽，"啪啪啪啪"，瓜蔓下的嫩根子一阵乱响，叶子也乱响，黄的绿的，"窸窸窣窣"的尘土惹了一身，直直腰，阳光正毒，大汗"稀里哗啦"地乱淌，湿漉漉

的衣服粘在皮肤上，有点痒痒，可一看见瓜秧上悬挂的一个个灯笼，这点脏算什么？只是纳闷：它们到底是如何隐藏了一夏半秋的？

③倭瓜的叶子是瓜果类植物中最大的。夏天里，瓜秧有节，蛇似的向前爬，一条两条许多条，贴住地皮的节伸出五六个嫩根子，像手脚一样牢牢抓住一小团一小团的泥土、腐草。瓜秧一枝发四个杈，吐叶，开花。一片片叶子迎着太阳，扯直嗓子，唱着歌儿。拼命爬过其他的枝枝蔓蔓，<u>一只一只的绿色大手，捧出了一个浩浩荡荡、郁郁葱葱的天下</u>。叶子有两个手掌大，朝阳的一面长满了密密麻麻的小刺儿，一不小心就扎你一下，正因为这样，你不敢随随便便去摘花儿，哪一朵花下边不是一大片叶子？

④可是，哪怕扎手也要摘花儿，一种谎花——只开花、不结果的花儿。谎花装成不说谎的样子，怒放金黄的花蕾，释放出满世界的暗香，吸引蜜蜂纷纷前来采蜜，也吸引你来采花儿。采来的花掺和粉芡、鸡蛋油炸，或热水一焯，小葱蒜泥凉拌，下酒就饭，横竖那叫一个好吃。大自然的这类纯绿色食材，你还上哪儿找啊？

⑤不说谎的倭瓜花儿，其实就是瓜纽纽儿。有的秧子每个杈能结两个瓜，有的只结一个瓜，有的瓜纽纽儿长着长着就没了下文，真正坐果之后，那些瓜纽纽儿好像吹小气球似的，从瓜屁股开始，一鼓作气长到头顶，几十天的工夫就变成一个个篮球、一个个大肚子、一个个有梦的人。它们的梦会是什么呢？

⑥是绿意萌动的春天？那是它们小的时候。

⑦三四月里，随便做一个深呼吸，满肺腑都是甜甜的空气。刚钻出大地的倭瓜叶子，先是小小怯怯的两片鹅黄嫩绿，而后是变大的一片油绿，然后是一片一片。这当儿，瓜秧子还是嫩嫩的呢，叶子还是小鼻子小眼睛的呢，连浑身上下的小刺儿都那么水嫩，风吹来，步子不稳，细细的腰儿怎么也站不直。但是，它们大口大口地喝着

阳光、喝着雨露和风，才几天，一片比一片变大，变肥厚，墨绿墨绿的。它们大手拍着小手，赞美每一天的幸福生活。

⑧太阳底下，瓜秧最上面的几片叶子在高兴地鼓掌。一片叶子突然朝下边望了望，一惊，发现最初的两片叶子，已经变黄，枯萎。它们为什么这么苍老呢？那可是我们的老大！

⑨这个小精灵呀，仿佛看见了那两片叶子出生前的一幕：

⑩一个下午，南风尚寒，零下二摄氏度的天气，一个人在一小块空地里，种下了几粒种子。

（选自《人民日报》2017年5月6日　有删改）

1. 文中标题中的"隐逃"主要表现在哪里？请结合全文分析。（2分）

_____

_____

2. 请简要分析第⑥段在全文中的作用。（2分）

_____

_____

_____

3. 文章语言生动，富有表现力，请具体赏析文中画线的句子。（4分）

（1）胆小的倭瓜们立马现出原形，大小老少，慌不择路，东西南北，满地乱跑。

_____

_____

_____

（2）一只一只的绿色大手，捧出了一个浩浩荡荡、郁郁葱葱的天下。

4. 本文的写作思路及表现手法独具特色，请结合全文赏析。（4分）

被掰碎的土地

名师导读▶

俗话说"靠山吃山靠水吃水"，这句古话体现了地理环境和人们生活的息息相关。在中国处于农业社会时，土地毫无疑问是农民的唯一依靠。在这篇文章里，作者写到了和父亲之间关于土地的故事，展现出浓浓的亲情。

收完了大片的豆子、玉米和芝麻，撒上一层牲畜粪、化肥，手扶拖拉机就"突突突"地开进庄稼地了。

❶ 用拟人的修辞手法，把拖拉机的铁犁拟人化，生动形象地写出了铁犁工作时候的情景，让犁地的画面跃然纸上。

①拖拉机的屁股上，装了两面大铁犁，就像老母猪拱泥似的，闷着头，龇牙咧嘴，从地头拱到地尾，偶尔也会吐出一嘟噜一串串的庄稼根子，偶尔也会在原地打转转儿，逗得我们"哈哈"乱笑。爹狠狠踹了一下拖拉机说："这可是我们的电牛啊！"有人问："爷

爷,它是男的还是女的?"爹想了想,非常严肃地回答:"都可以。"

其实,我心里盼望它是个女的,将来能生一大堆的拖拉机。但是,爹的回答有他的道理:用不了三五天,这块地就要被别人租去,这辆跟了我们家十几年的"东方红"牌手扶拖拉机,也该退休了。大地上,娘说:"种地不赔钱,虽说种地有补贴,但除去种子、化肥、农药、浇水、除草等成本,一年到头,也不赚什么钱。不赚钱瞎忙活的事儿,只有傻子才肯干哩!"又说,① "你种地种得再好,撑死了一年赚个两千来块钱!可人家进城打工的话,一个月不管好歹,吃了喝了,每个人起码挣他个一两千块钱,要是两个呢? 要是三五个劳动力呢?"娘还想滔滔不绝地往下说,被爹的余光快速扫了一下,就立马闭了嘴。爹的这个动作,被我偶然捕捉到了,但我早已经不是三岁小孩,懂他的意思,更理解他积攒在内心的愁闷。爹不是嫌娘嘴碎,爹是在心疼他的六七亩地呀!

说起来,这地在村子东南,叫东地,肥得淌油,种啥啥肥,无论怎么减肥,都减不下去。最开始,这块地是十五生产队的,和我们十四队不沾边,20 世纪 70 年代全村重新分地,好地赖地一拢堆儿,"啪",这一大片东地就划归十四队了,虽说又搭上了北洼子那片赖地,但总算是稀汤里捞了块肥肉。爷爷最穷,养了四五个小孩,而且对四邻是穷大方,加上他"老实猴",做事有远见,所以呀,七拐八拐地就捞到了一小块东地、一大片北洼子地。等到麦收一罢,男女老少搯芝麻、

❶ 引用娘说的原话,直截了当地凸显了种地收入的微薄,也突出了种地的辛苦。

❶ 虾兵蟹将是神话中龙王的兵将，借指不中用的兵将或帮凶、爪牙，这里指家里不能干农活的人。

❷ 从这句话中，能够看出祖辈对子孙的爱，体现了一种传承的精神。

❸ 这一句写出了种地的艰辛，一年两季，地里只能生产出麦子、绿豆、红薯等农作物，"不产金子银子"说明种地产生的收益很少。

种玉米棒子的时候，爷爷就开始发愁了：这个家，甭看人最多，但大人只有两个，其他的，都是些①虾兵蟹将，一个能阵前"扛枪"的劳动力也没有！怎么办？奶奶说："有地就等于有了命，不管好歹，先活命吧！"有了这话，爷爷才算不愁，天天睡得在梦里放屁，一嘟噜一嘟噜的，尽管庄稼种得不怎么好，但大人小孩再没饿过肚子。爷爷的爹最羡慕这个儿子，说他死了就埋这块地里，爷爷却强烈反对，说："埋你太占耕地，耽误种庄稼。"后来，②爷爷的爹死后，没有埋在东地，爷爷也没有埋在东地，奶奶也没有，他们想把这块好地留给子孙们。

到了爹和叔叔这一辈，中间先后分了两回地，第一回是三个姑姑还没出嫁，地亩一分没少；第二回是两家人相继添了人丁，减去死去的嫁走的几个，总数没变，又赶上十四队人数也没增加，也谈不上什么分地。倒是原来十几亩地，由一块变成了三块（爷爷奶奶健在，老两口种了一块），三块再变成两块（爷爷奶奶已去世），割麦杀秋，一年两季。③不论怎么种，麦子还是麦子，绿豆还是绿豆，玉米还是玉米，红薯还是红薯，可就是不产金子银子。叔叔不甘心种地，早些年就开始跑车、跑生意，做城里建筑防水等，只要能挣钱，什么都干，叔叔后来果然发财了，地不知不觉就荒了，草比庄稼长得都高，那块地被堂兄种了去。爹不同，考虑这考虑那，始终没有放弃那块东地，算起来，粮食年年没有少打，可就是不值几个人民币。实际上呢，爹上过学，有文化，当个大队书记绰绰有余，许多人嫌他不懂人情世故，一辈子就是个修理地球的命，亏！每当这时候，爹总是笑笑，说如果他当上了，那么，现在的大队书记怎么办？

后来，当我也做了别人的爹，我才知道当爹不易。爹是天！有爹在，才能保住全家人的命。可是，①爹靠什么呢？我想，他靠的是土地，就是我们家的东地、北洼子地，他守了许多年，当了许多年的农民，在土里摸爬滚打，打了许多年的粮食，老远就能闻见他身上的那股子土腥味儿，说一千，道一万，土地是爹的命根子啊！所以后来，我们家虽然没有发财，但有吃有喝。爹虽然不是20世纪的"万元户"，但成为21世纪的"万元户"也不赖，爹也可以一边干庄稼活儿，一边给北京的我打手机了。这中间，姐姐弟弟们也分别成家，选择在广东、苏州、平湖打工，我也只身闯北京，我们把两块地整个交给了爹娘。是啊，把地交给了爹娘，比交给谁都放心呐。

我是在秋季回老家的，其实北京有太多的杂事需要处理，但我还是赶回河南农村，干几天地里的庄稼活儿，摘绿豆、割豆子、杀芝麻、"出"红薯、拾棉花、掰玉米棒子、砍秫秫棵儿、薅花生秧儿。随便哪一种活，就可以把人累趴下，就可以手上脚上磨出茧子，就可以锻炼得浑身上下都有劲，越干越自在。娘说：②"干活容易上瘾，几十年习惯了，如果现在有一天不干了，我这心里好像空落落的。"爹却说："你干一辈子了，难道还没有干够吗？地有啥种的？从小到大，我听说过这专家、那博士，就是没有听说过种地专家、种地

① 作者通过设问句，以一问一答的形式，说出了土地对爹的重要性，也解释了爹为什么对这片土地执着。

② 语言描写，娘的话体现了她的勤劳与朴实。

博士！"我说："有倒是有，但不像你那么称呼，大概统称为农牧工作者、技术员什么的……"爹非常不高兴地说："不管他是哪一级的官，反正他们月月发工资，60岁以后就可以退休了。"娘惊讶地叫起来："啥啥啥，老蒋，你……个农民……你还想退休？哈哈哈哈。"我看见，手扶拖拉机犁过，大块大块的黑土在开花，四下响起了一阵阵对爹的嘲笑声。

❶ 在"我"心里，爹是非常爱种地的人，而如今爹却说要退休，"我"的心里不免产生了一连串的疑问。

下意识地，我吃了一惊：①爹为什么说要退休呢？爹不是一直很爱很爱种地吗？爹难道不再是原来那个当农民的爹了吗？

我转过头来，望着爹驾驶手扶拖拉机的背影，把我的种种疑问转述给了娘。

娘说："你爹在胡说八道哩。你爹是看有人到咱们村包地，他图懒省劲儿，也想把地包给他们……"

我问："包出去！地就没有了。我们家吃什么？"

娘解释道："你听我说完呐，你着急个啥？……他们按照一亩地500元的价格，包咱们这块东地，因为东地肥，人家才肯出这个价儿。换了别处，最多也就值个300元。"

我急了，慌忙问："才给那么点！他们打算包多少年？"

娘答道："5年。"

我问："你说我们吃亏不吃亏？"

❷ 直接引用娘说的话，对比了把地包出去的收入和自己种庄稼的收入，突出了种地的收益之少。

娘一脸正色道："依我说不吃亏。②你看呐，这一亩地500元，我们家的东地就相当于能挣3000多元，3000多元呢！你算算你种庄稼一季子能赚多少？依我说，不少了不少了！"

我想想也是，3000多元真不算什么钱，才相当我弟弟在广东打一个半月工的工钱，才相当于我一篇小说的稿费，才相当于我们在北京两三顿吃吃喝喝的饭钱，才相当于某个明星大款坐头等舱的机票钱的一半……3000，一个非常普通、甚至非常渺小的数字，在今天真的很容易被我们所忽视。可是，对于爹、娘来说呢，它真的能上升3000元的经济高度。这样看来，①我自然也就理解了一个想退休的爹了，理解了娘他们对爹的嘲笑声了，更理解了爹对这块东地的万般不舍和无奈了。

"爹，你真的想退休吗？"当手扶拖拉机犁了一个来回，迎着我开过来的时候，我高声地问爹。

"你说说，"爹紧贴着前方一条犁线，急匆匆甩下了一句话，"我不退休行吗？"没有等到说完，人已经开出去老远了。

我无法回答爹，即使和他面对面、眼对眼地喝酒聊天，我一时也会想不出什么话来的，更何况针对这么深刻的问题。

娘气得"哼"了一声，反问道："你——退休！我倒要看看，你今天能退到哪里去？"

②是啊，爹这辈子，真的无休可退。反过来想想，中国的农民能退休吗？

不能！在今天的中国，什么人都可以退休，只有农民不能退休。如果有一天，③农民都放弃了自己赖以生存的土地，都不再种庄稼、产粮食了，也就是中

❶ 这句话说明此时"我"心态的转变——由困惑不解转变为对父亲的理解，从侧面反映出父亲心里对土地的不舍和无奈。

❷ "我"从父亲无法退休的生活现状联想到中国大多数的农民，以小见大，通过反问的语气凸显出中国农民的辛苦。

❸ 这个问句再次强调了农民为人类做出的贡献之大。

11

国的农民都退休以后，我们吃什么？我很难想象在这个拥有约一万年农耕历史的国家，大片的土地被农民放弃后的可怕后果。

地，终于犁完了，爹熄掉了拖拉机，和娘他们慌忙地擦着犁刀上的黑土。土的墒情不怎么好，有些板结的黑土坷垃，稍稍大一点的，大约两块砖头那么大，用脚使劲踢几下，也踢不开。我只好跳上其中的一块，两脚各自踩了黑土坷垃的两头，猛地跳起来，落下去，落下去的一瞬，我把整个身体的重量集中在了脚上，使劲压下——压下——土坷垃裂成了三四瓣。这一幕，被许多小孩看见了，嫌我身上没有劲，捂住嘴"扑哧扑哧"乱笑。

❶ "蹲""捡""端详""掰"等一系列动作描写，写出了父亲干农活时的认真。

爹不知什么时候走了过来，①和我一起蹲在大片大片的黑土坷垃里，随便捡起了一块，端详了很久很久，然后一点点开始掰它，好像在掰一个白面馍馍一样，左一块，右一块，上一撮，下一撮，越来越细小，一朵朵，一片片，宛如下大雪。这时，爹不说话，两眼紧盯着手里的黑东西，时间仿佛不存在了，全世界只剩下了爹一个人，"哗啦""哗啦""哗啦哗啦"……

❷ 环境描写，通过"晃动着三三两两的人影、牛影"，表现天色已渐晚，侧面突出农民的勤劳。

天说黑就黑了。②隐隐约约之间，只看见前面晃动着三三两两的人影、牛影，还有架车、拖拉机时不时颠簸着的黑轮廓。我们摸着回村子的黑路，凭着印象向前摸，只想抢先一步到家。

途中，听见几个村民"唧唧喳喳"的声音，好像在议论把东地包出去划不划算的问题，好像全都是"包出去拉倒"之类的思想，好像是蒋冬伟娘他们几个的声音。

途中，好像他们听见了别人在偷听他们说话，好像他们有人辨别出了是我们一家人的脚步声，所以，就有人问我爹："是东头建伟家的俺爷吗？你们家的东地今年包出去了没有？"

途中，^①爹悄悄拿胳膊肘捣了捣我，意思是别出声，小步前进。我也捣捣娘，娘狠狠扯了小孙子的袖子……我们的想法是一致的。

❶ "拿胳膊肘捣"这个细小的动作，反映出一家人的默契。

然而，我担心到家之后，那块几乎被爹掰碎的土地，明天还是不是属于我们家呢？

（选自《读者·乡土人文版》2012 年第 8 期）

延伸思考

1. 结合本文谈谈爹是一个怎样的人？

_____

_____

2. 土地对于爹有什么意义？请结合文章谈一谈。

_____

_____

3. 在文章的最后一段，作者为什么担心明天土地还属不属于自己的家？

_____

_____

春 潮

名师导读 ▶

提到春潮，相信很多人心里想的就是张若虚笔下的"春江潮水连海平，海上明月共潮生"，又或者是崔涂的"春潮映杨柳，细雨入楼台"，再或者是韦应物的"春潮带雨晚来急，野渡无人舟自横"。无论是哪一种春潮，总能给人带来生的希望。在这篇文章里，春潮就是新生命的象征。

冬天，死亡站在地狱入口呼唤你。

①暴风雪狂吼着，像饿疯了的狼，像吓破胆儿的猪，高高低低地迎面跑过来，爆炸，再爆炸，一股股透骨的冰刺感，缓慢地融化，浸洇，四处散开，消失了。你不得不感慨这平原上暗夜潜行的姿势，"哼哼——哼哼"，它一路向北，小跑，一列列士兵似的急行军。

如果你打开地平线，小心哪小心，嗝，薄薄的，打开那层冻壤，下面，全都是"呼哧呼哧"睡着的小精灵。谁，在冰凉的土壤里一点点调整着睡姿呢？谁

① 运用拟人的修辞手法，把暴风雪拟人化，通过写暴风雪狂吼的状态，体现暴风雪之大。

谁谁？哦，小蚰蜒、小蜘蛛、小蚂蚁、蛇、蝎子和蜈蚣、青蛙、癞蛤蟆、乌龟、土鳖、蚯蚓、蝉虫、蛴螬、蝼蛄、金针虫、地老虎、长腿毛毛虫和蚂蚱、螳螂、蟋蟀、蛐蛐、蝈蝈们，它们都是这个世界最幸福的天使。还有，那些紧紧搂住枯枝败叶的蚊子，半袋子碧绿色的肚子一起一伏着，那些钻进墙缝、水泥缝、石头缝、土坷垃缝里的小喽啰虫，半个绿豆粒儿大小，两排小腿，即使撒开腿奔跑，也像移动似的。它们不论男女老幼，都怕冷，冷得直打战，缩成了一粒粒土黄色的圆球。死亡随时发生，大批的死换来了少量的生。① 大地夜行，许许多多的风走成了一条路，你会时不时地听见不知谁在呻吟，惊慌失措着发出那么一声两声，不过很快，风声、草声、树枝碰撞声就把它们吞没了，星星月亮隐藏起来，影影绰绰的光亮被暗夜收了去，然后是黑暗中的最暗，逼人于死地，让你不得不闭上眼睛。然后，然后，你听到了惊蛰的声音！

啊，雷声四野，春潮初现。

太阳出来了，土壤回暖，水汽开始朝着地皮上升，暴风变小了，小风开始一阵阵朝田野里刮，土壤变得更加松软，那么多的水汽接近地面，接近泥巴和草木，全都隐藏在细碎绵长的米线般的泥土里。② 地下的小天使们也跟着水汽一起往上拱，它们伸展着腰肢，它们脑袋手脚并用，使劲往上拱，像老母猪拱地，像老牙狗拱空空的食盆子。是的，它们和人类一样有灵性，也可以直接称呼为"他"或"她"。

最先从腐叶烂泥里拱出头的，是一对情侣蚯蚓，

❶ 环境描写，从视觉和听觉两个不同的角度写出了夜的黑暗与可怕。

❷ 用拟人的修辞手法，把地下的动物拟人化，通过"伸展""往上拱"等动作，表现其生命力的旺盛。

他"咝"一声，她"咝"地回应一声，仿佛在说："这个白花花的世界，怎么没有它们说的那么美好呢？除了冷，一点吃的东西都没有。"一转身，它们又原路返回。蛇、乌龟和青蛙、癞蛤蟆比蚯蚓聪明，它们拱出脑袋以后，小眼睛就开始滴溜溜了，乌龟笑了两声，说："我饿死了，我饿死了，走了！你们别管我了。"[①]说着，朝着一片池塘爬去。青蛙和癞蛤蟆也不傻呀，它们"呱呱"、"嗯啊"叫着跟上。乌龟察觉了，忽然就不走了，扭头问青蛙："你跟着我干啥？"青蛙尴尬了半天，也回答不了什么，只好扭头把这个问题抛给了癞蛤蟆："你跟着我干啥？"癞蛤蟆也不好回答呀，只好恶狠狠地朝身后看去，蛇呢，正悄无声息地尾随它，心里头那个气啊！蛇的脑子活，身子更活，脑袋突然向左转，若无其事地向一片麦田游去，吐了吐信子说："不就是一顿大餐吗？不请我算了，牛啥牛？"[②]癞蛤蟆也气呀，它感觉蛇不是在嘲笑乌龟，倒像是在嘲笑自己，也拐弯去了一片泥沼地，一路气鼓鼓着，放了七八个响屁。到了池塘边，一看，比自己原先预想的面积大多了，乌龟也不计较后面跟着谁谁谁了，"扑通"一下，跳进池塘里，自己先美美地大吃大喝一顿，然后睡觉，等待和一位江南的美丽乌龟结婚、生儿育女，这，就是他今年的目标。青蛙也是这么想的，她虽然只活了四年多，但之前的每一年，她都会遇见一个梦中的他，她"呱呱"几声，那对岸，便迅速回荡起自己的声音，看啊，多么幸福。当然，如果蛙声落满大地，可以像火焰一样被点燃，"轰"，点燃起一大片一大片的蛙声，

❶ 拟声词"呱呱""嗯啊"让文章的语言更加活泼生动。

❷ 在作者的笔下，我们看到了放屁的癞蛤蟆，这些充满想象力的语句，读起来让人忍俊不禁，文章氛围更轻松，接地气。

火焰红红白白、黄黄蓝蓝，那么，她的歌声也一定从天上砸下来。

你听见了大地的呼吸。^①像是谁谁谁刚刚醒来，还在半闭着双眼，脑子混沌着，"啪……啪"，呼出的两道气流，湿湿热热的，响亮刺耳，庞大，气势恢宏的那一种。你突地想起某个音乐会演员谢幕，观众用经久不息的掌声固执地要求他们加演一曲，比方说奥地利作曲家约瑟夫·施特劳斯的《纳斯瓦尔德的女孩波尔卡玛祖卡（作品 267 号）》。不久，只听见"西——西""拉——拉"，小提琴声渐起，是"7、6"两个音符发声，逐渐放大，阳光缓缓步入室内，光线放亮，乐声渐弱。想象还没有止步呢，大提琴声登场了，深沉，恢弘，各种各样的西洋铜管乐器和弦乐器次第亮相，满腹苍凉的空气，上一口连着下一口，像极了耳鸣时的声线持续。辽阔的田野被春天刚刚吹醒，一只蜜蜂醉倒在一束油菜花的芬芳里。呼和吸，宛如一对情窦初开的男女，突然跑到森林深处避雨，不得不窘迫地独处，他们谁也不敢看谁，脸上飘来几片霞光，心跳得厉害，谁也不敢打破这短促的静寂，却早已经满腹蜜语了。一个人假睡的样子就是非常滑稽的，想醒，又不想全醒。^②几乎同时，他们都小心翼翼地伸出了一只手，左手碰到了右手，拉住，握住，一个旋身，整个搂住，欣喜着对视，欢笑，最后，像芭蕾舞演员那样在巨大的圆舞曲音乐中旋转，旋转，全世界仿佛不存在了，只留下了我和你。如果，这时候可以在月光下，一阵阵空灵的女声小合唱可以飘在空气中，

❶ 从听觉和触觉的角度写出了大地呼吸的强健有力。

❷ 这一段的动作描写细腻且丰富，作者通过"碰""拉住""握住""旋身""对视"等动作，恰到好处地写出了呼和吸的开心、自由自在。

万籁缥缈，他们的爱情，该是多么美妙！

春天终究会降临，是这样的，更多的天籁也将降临到我们的头顶。① 天气越来越热了，冰雪消融了，寒冷蒸发了，雷声下来了，雨水下来了，和风下来了，太阳和月亮星星都下来了，冬眠的小精灵们纷纷破土而出，唱起了古老的民歌。长长的地平线上，草木葱郁，鸟类、家畜、家禽也不甘示弱，两条腿的，四条腿的，一个个"咿咿咿""啊啊啊""咯咯咯""嘎嘎嘎"地唱歌，它们站着走着跑着飞着笑着哭着尿着屙着睡着梦着，一点点积攒着火热的理想，元气上升，汗珠儿不断地从额头、腋窝、胳膊与大腿交叉的地方沁出来，热气袅袅荡荡，飘落，生命力何其旺盛。天地清明，它们潮湿的声音，生了根，发了芽，在我们的耳孔里长成了一片片森林，叶子和叶子们飞翔歌唱。

我们坐在巨大的黄昏里。② 一条金毛狗在小区草地里跑来跑去，时不时找到我们，讨一把狗粮，随便叫上三五声，也是天籁呢。它这叫声，会穿越天空，坠落在远处，引来了一阵阵隐隐约约的狗叫声，我感觉，声音距离我们越来越近了。"是一帮流浪狗吧？走了，走了。"妻子急匆匆牵了狗说。狗有领地意识，相互间，经常争地盘。我也怕它这小伙子和那帮老家伙打起来，吃亏不说，还伤小伙子的自尊心。天色说黑就黑了，路灯"啪"一下亮了，我们吓了一跳，一点心理准备都没有，仓促离开。路灯下，三个长长的影子移过去之后，单元楼上的灯火亮了，小区外商店的霓虹灯也亮了。

❶ 从视觉、听觉和触觉三个方面写出了春天来临之时，世间万物的变化。

❷ 写到了金毛狗和"我们"一起互动的场景，充满了活力和生机。

正在走路呢，^①就听见头顶上一股裹挟着大河咆哮声、麦浪隆隆声、农人吆喝声、甩鞭声、牛叫声、妇女骂街声、小孩叫声、唱戏声、锣鼓声、驴叫声、猪哼哼声、唢呐声、婚礼上的拜天地声、坏笑声、出殡途中的鞭炮声、起起伏伏的哭声、手扶拖拉机的马达声呼啸而来，好像一路急行军的暴风雪，从天上集体钻到我们的耳朵里。是春潮。它们，在呼唤我们，数不尽的春潮啊！

遥远了的，久违了的，落寞了的，重新捡回来的……这么庞大喧嚷的春潮里，我听见一只虫子在呻吟，它，小小的，万分之一，肯定睡着了，说着梦话，想着某一个人。

我的身子一震，定住了。

（选自《工人日报》2023 年 1 月 8 日）

❶ 作者通过一系列声音的描写，写出了春潮带给人们的生机和力量，生活气息浓厚。

延伸思考

1. 文章中春潮的力量主要体现在哪些方面？

_____

_____

2. 本文主要用了哪种修辞手法？请结合文章分析。

_____

_____

3. 春潮来临前后，周围的环境有哪些变化？

_____

平原我的父

名师导读▶

我们是从什么时候开始体谅父亲的辛苦呢？可能很多人是从朱自清先生的《背影》开始。那位父亲买橘子时在月台爬上攀下的背影令人动容。本文中的父亲也是平凡而伟大的，他是一个普通的农民，也是亿万万中国农民当中的一个，他们的故事，值得我们记住。

❶ 虚实结合，描写更生动、更吸引人，给读者留下想象空间。

弥漫在平原上空的，是一阵阵从村庄里走出来的人们身上的土腥味。这样，①它们便和着炊烟、黄昏、呼喊声和暖烘烘的牛粪味浸泡着我们的灵魂，它们可以在大地之上自由行走，它们甚至可以教你忘了你是谁。

最重要的是，它们还可以在不经意间，毫不保留地将这些味道像重感冒病毒一样传染给你，使你在胎腹里就能呼吸到这种辣辣的空气。我们远远望去，大地正流淌着那些黄灿灿的血液，庄稼在农人的怀抱里沉睡，鼠兔们从草丛逃向草丛，牛羊走向时间和刀子，一只只黑色的鹰在天空徘徊。每天，一个村庄与一个村庄的途中，都在发生着桩桩类似的事情，比如两个人偶然相遇很轻松地谈起生和死，你和我都在重复着一样的人生，仿佛都是非常切近又非常遥远的情节。

　　① 走进原野，这种呛得你嗓子眼瘙痒的气浪，足以让你响亮地打上几个喷嚏，这就是回家的感觉。

　　我的平原世界就是这个样子。秋天的尽处虽然满目萧瑟，伴随着我们呼喊几声，村庄和土地上空依然摇曳着最后的辉煌。这辉煌是红太阳烧烤出来的，这质地是月亮山上的银匠打磨出来的，谁都可以有权力享用一下。辉煌是人生的临界线，往左几步是充满欲望的生，往右几步是欲罢不能的死，生死就是一道只有几步之遥的坎儿，人类的生和死非常简单。当然也不泛另类。他们一生都在追求辉煌的途中，他们有的人也许并不知道辉煌是什么，但他们可以凭借丰富的想象力，拿黄金或者美玉当作喻体，尽情享受物质生活的富足。我想，除了辉煌，一定还有更多的东西。

　　到了黄昏，父亲的秋天归复于大地巨大的沉默里。房屋额头的炊烟越升越高，我看不见它们的真实面孔，只有大片大片的人欢马叫的声响正在向村庄方向慢慢移动，在村庄和原野之间游荡，就像人类和一切生物的死而复生的魂，这满村庄的浪漫主义的炊烟啊！就这样，② 我亲眼看见一缕炊烟正在低风中向村头第五棵老杨树深入，听见一个苍老浑厚的男中音和另外几声牛哞此起彼伏，错落有致，很久很久，他们的小牛

❶ 呛人嗓子的气浪是这片原野的特色，让"我"拾起了回家的感觉。

❷ 在这一段的环境描写中，通过视听结合的手法，使读者的脑海中出现画面感。

才从非常遥远的地方跑回来。此刻，我就是那头四处撒欢的小牛，而父亲正用他的男中音一声声喊我不止。

父亲用手搭凉棚，木讷，寡言，平和，孤独，甚至还有些小气，整日侍弄着他们的庄稼，不过很是年轻。我知道，他们就是用一种劳动的方式给村庄起名字，蒋寨，南岭，梨树庄，魏河，杨营，李湾，曹屯，谷李屯，那些原本非常枯燥的村庄如同庄稼人的丫崽儿，至此鲜活起来。早些年月，他们中间有人外出做工，并且谈了一个城市姑娘，在家时他穷得刻骨铭心，在外时他却只字不提自己的穷，还向人家漫天吹牛："①俺家有三幢楼，结婚后你想住哪幢住哪幢！"再后来生米做成了熟饭，二人赶回村里度蜜月，新娘子瞅着两间低矮的草房子眼泪汪汪。对方却说："天地良心啊，你看你看，这前面的那个村子叫前邓楼，后面的村子叫后邓楼，咱家住的村子叫杨（洋）楼，三幢数可一幢也不少。"

父亲心眼儿多，恐怕这也是庄稼人的一种属性罢。

在我长大的过程中，平原上的农民已经告别了崇拜"洋楼"的时代，因为一些颇具现代化的楼厦正在村里破土拔高，父亲的口头叙述已变成一种遥远的乡愁，给那些偶然回村怀旧的人们更多的安慰。我想，关于楼的传说早该结束了。可惜，现实生活中农民还是像赶集似的涌进城里，打工谋生，养家糊口，他们从祖先手中接过来的犁锄耧耙早已失去了存在的意义，一起失去意义的还有他们的土地。

有一年春天，我从50里外的小县城赶回乡下，父亲正扛着铁锨下地，我们的谈话声不时地被风刮远，

❶ 语言描写非常具有地方特色，使人物形象栩栩如生。

淹没在巨大的麦浪里。^①我和父亲好不容易找到爷爷的坟，在那里，父亲像又见到了他的父亲，哭得跟小孩似的，我在一旁往坟头添着新土，泥土的香气很醉人。末了，父亲努力止住哭，问我那些农民都串到城里干什么，我说瞎混嘛，父亲接着就历数家族的农耕史，骂他们作为庄稼人忘了本，农民除了种地还能干什么。回家的途中，我打开了一罐饮料解渴，一个八九岁的男孩盯着我手中的饮料罐追了很远，无奈之中，我把喝剩下的半罐饮料给了他。父亲冲我笑笑说："他是你七伯家的孙子，你七伯的两个儿子都进城做了生意，撇下十来亩地和几个孩子给你七伯，忙得很呢。"说这话的时候，我看见父亲一脸的艳羡。

父亲种了大半辈子庄稼。所以，^②在他的四季里生长着很多农谚俗语，待它们成熟以后，就让母亲做成粮食，喂养我们成长成才。或许，父亲就是大平原上一句普通的农谚。我们在出生时就打上了乡村的烙印，或许我们会慢慢遗忘农谚的具体内容，但丝毫不会影响我们和庄稼一起生生死死。我知道，这正是父亲所希望看到的和亲眼目睹到的，他的想法和平原完全一致。

父亲深爱着我们，就像他深爱着土地；其实父亲身上的土腥味很惹我讨厌，乃至二十年后我还在用加香型肥皂不停地洗呀洗，但总是洗不掉。后来想想，这东西也会遗传吗？

父亲是农民，父亲的儿子也是农民。那么，村庄在孕育父亲和我的时候，想必会在我们身上留下什么标识，比如跟大地有关的一些东西。其实，这些村庄

❶ 男儿有泪不轻弹，只因未到伤心处。一向坚毅沉稳的父亲在爷爷坟前哭得像个孩子，引人动容。

❷ 从这一句的描写当中可以看到父亲为"我们"的生长和成才付出了巨大的心血，父亲种了一辈子的庄稼也是为了让"我们"有饭吃。

❶ 《诗经》是中国古代诗歌的开端，是最早的一部诗歌总集。收集了西周初年至春秋中叶的诗歌，反映了周初至周晚期的社会面貌。

也都是平原的孩子，平原在孕育它们时也孕育了生机，孕育了河流、庄稼以及牛羊之类的，甚至也包括人类自己。想一想，那些在太阳下耕作的人们多么幸福，他们可以当自己的皇帝，他们可以大声歌唱①《诗经》，他们都是最著名的民间诗人。

整个秋天快要过去，我于是放弃了我的想当城里人的美梦，我的新身份证上的地址依然写着那个村庄的名字。尽管大批的农工放弃土地涌进城里，或者用钞票把自家户籍改头换面，然而他们的土地还会有最后的守望者，比如父亲，比如我，比如很多很多。

❷ 结尾处直抒胸臆，表达了"我"对平原、对父亲、对广大人民深沉的爱意。

② 我爱平原。

我爱父亲。

我爱你。

（选自《读者》2002 年第 9 期）

延伸思考

1. 请从作者写到的多个富有生活气息的场景中，列举出两个让你印象最深的场景，并简要分析。

_____

_____

2. 在文章后半部分，作者提到很多农民放弃土地去城里发展，那么为什么仍有一批人选择继续坚守那一方土地？

_____

_____

一条秧上能结多少个瓜

名师导读▷

　　如果没有亲自种植过庄稼，怎么能够体会到"谁知盘中餐，粒粒皆辛苦"的滋味？因为有了农民的默默耕耘，才会有满地金黄、瓜果飘香的收获。但在这篇文章中，却写了一位懒汉种植红薯和玉米的事，引出后文一条秧上能结出多少个瓜的思考和感悟。

　　大雪快来的时候，大地上被北风刮得空荡荡的，五谷庄稼都收光了，牛驴牲口都累坏了，虫子们也都冻跑了。手头剩下的活儿，也就是堆几个玉米稞垛、芝麻秸垛和豆子秧垛，把玉米棒子晒干，把一棵棵未开的棉花桃子晒干，坐在暖洋洋的太阳底下剥玉米粒、择棉花，一点点打发掉过冬的时光。

　　①印象里，有这样一个懒汉。

　　他的名字，是一件农具的名字，我们都会叫那个

❶ 过渡句，引出了下文中对"懒汉"的描写，过渡非常自然。

25

音，但书上没有那个字。不论是谁，只要用了那种农具，都会联想到他各种懒的活法，耻笑他，一直到他死了，大伙还在叫那件农具，想一想，给他起名的那个爹是多么智慧啊。有印象的，是若干年前的麦罢时节，农人们正蹚着金灿灿的麦茬儿种秋，他怕干活，一心图省劲儿，也不知道要种什么庄稼，就在家里睡了几天，等到别人家的玉米、豆子、芝麻发芽时，他还没有想出来。有人跑来劝他，说再不种就来不及了，他请那人帮他参考，谁都知道他是个懒汉，谁敢参考呀？无奈之下，①他买来满满一筐红薯秧子，随便齐齐垄，就胡乱种下了，连水也懒得浇，一拍屁股早不见了人影。那一年，雨多风多，他家的红薯长势贼好，红薯拱破了地皮，秧子都爬到别人的地里了。大伙反倒遭了殃，庄稼涝的涝、歪的歪，几乎都减产，胸口一天比一天堵得慌，可是，谁敢跟老天爷较劲？后来呢，大伙想起了懒汉的红薯地，就想看他今年到底是怎么个懒法。果然，当家家户户收完了秋庄稼，又种下了冬小麦，懒汉还是没把红薯锛出来，也不挖红薯地窖，更没有种什么小麦。不隔几天，他就会扛一个篮子，扛着一把抓钩下地，锛出来几棵红薯，扛回家慢慢吃，就这样，一直吃到下雪、过年、开春。吃到桃花开的时候，②他慢悠悠地把红薯全部锛出来，好红薯留给自己吃，坏的喂老母猪，喂到后来，连老母猪都不吃了。空出来的地里，他全都种上了玉米，两三个月之后，他家的嫩玉米棒子就赶集卖开了，听说卖了不少钱。大伙

❶ "胡乱种下""水也懒得浇"等细节描写，体现了描写对象的懒惰。

❷ 这里的描写能够看出懒汉其实对农活有自己的见解，"慢悠悠"一词突出了懒汉的悠然自得。

都笑，都说这个家伙真懒、真怪，但他却懒得多么狡猾啊！

带秧类的植物当中，不止红薯一种，倭瓜的产量就非常大。瓜类一多，瓜名就起得五花八门，但都是古人起的，我们也想学古人给瓜起名，比方说东西南北与瓜名吧，有东（冬）瓜、西瓜、南瓜，怎么就没有"北瓜"？① 我们干脆给倭瓜起了个名字，叫北瓜，但大人不认可"北瓜"这个名，真遗憾啊。倭瓜的"倭"，我猜想有长、大、多、重的意思，也就是说，它的秧长、叶大、蔓多、瓜重，不论地头沟边，还是房前屋后，一种，就能活。先长瓜秧子，后开花结果，而且活得非常精彩，特别是过了农历八月十五，倭瓜大大小小滚了一地，顺着那些瓜秧子随便一数，就能数出来一二十个，不管谁，都会越数越笑翻天的。我想自己喜爱上倭瓜，应该追溯到那年月。倭瓜笨笨的，我们笨笨的，我们给它起名"北瓜"，它怎么就自己高声反对我们呢？有印象的，是某夜做了一半的梦，梦里的所有人都没有名字，看不清彼此的五官面貌，只知道我回了故乡大地，② 庄稼地里滚满了倭瓜，我们在地里一车车拉倭瓜，死去多年的爷爷又活了，竟然在后面使劲推车，忽然，爷爷问我"一条秧上能结多少个瓜"……我想呀想呀，忽然就想醒了。

爷爷是个种庄稼的行家，爷爷这样问我，一定预料到我至今也答不出。每一条秧上，瓜结出来的数字都是固定的，但问题是爷爷问的和我答的，不是同一

❶ 通过给瓜起名字这个事例，能够看出孩子们想象力非常丰富，也体现了小孩子思维活跃的特点。

❷ 在梦中"我"还记挂着农事和庄稼，说明"我"内心还是非常挂念它们的。

条秧，那么说，数字肯定也不一样。原来，爷爷是在考我对农事的熟悉程度哩！

庄稼在轮回生长，时光在黑黑白白，从这儿到那儿，从坐下到放下，大地上的农事总显得那么细碎而绵长。

（选自《散文选刊·下半月》2012年第11期）

延伸思考

1. 在文中，作者介绍了一位懒汉，你认为懒汉是真的非常懒惰吗？

_____

_____

2. 在文章结尾，提到了自己做的梦，提到了爷爷在梦里拷问"我"，对此你有什么看法？

_____

_____

第二辑 黄昏一缕香

那个黄昏，山野里升腾着一股微醺的闷热，黏黏的衣服贴在人身上，一动，衣服窸窸窣窣乱响，说不出的难受。本来是不想返回去的，刚刚走了几步，香气还袅袅渺渺地萦绕着，仿佛把我的魂儿勾了去。

【2020年陕西省西安市曲江第一中学期中（改编）】

阅读下文，回答问题。（10分）

年里年外

蒋建伟

①豫东人家过年，越过越黏。踏进腊月门，嗅到年馍气儿，闻见肉香，听到炮响，瞅见人慌，拐弯抹角，年就来了。

②年盼早，盼到祭灶。祭灶即过小年，逢上腊月二十几，人人都要祭，只不过官祭三民祭四，王八祭五鳖祭六，这是时间早晚之说；祭老天爷"上天言好事"，祭老地爷"下界保平安"，这是人生心愿；而后就是烧香磕头，岁岁太平。倘若虔诚人家，所有好吃好喝的必请天、地二爷先用，或者闭目祈愿作揖，言下之意是人间万物皆为此二爷所赐，昔日滴水之恩，如今万不能忘恩负义，这就是豫东人的小年。

③除夕之夜，新旧交子，门神把门，各长一岁，小的要长大压岁，老的要增寿延年，中间的呢糊涂过年。守岁了，全家人先在当夜子时前放关门炮，子时醒后再放开门炮，紧接着，烧火做饭吃饺

子放鞭炮，给长辈们拜年，一拜到天亮。倘若你缺少拜年的贺词儿，满村野连绵不断的鞭炮声就是最好的贺词；倘若你的手脚不听使唤，手脚最快的年夜饭香气最听你的使唤，所以，所有的心都会变得很近很近，所有的路都会变得很短很短。

④大年初一，抢年抢个早，走亲访友，拜个吉祥。这几天，手巧的婆娘不出门，剪画帖窗；老少爷们儿猜酒划拳，单独较量，鸡鸭鱼肉，吃出个好日子红火亮堂。到了初二清早，太阳磨盘大。走亲戚的人们急急慌慌地上路了，穿绿戴红，车铃叮当，蝗虫似的，散落四面八方。到了目的地，宾主拜过，双方不忘给死去的先祖拜年，来到老坟茔，烧纸点香：哭一声俺的爹呀俺的娘，俺给你磕头拜年来啦，金山银山别嫌少，请您老人家查收好儿孙们送去的银两。最后，端菜吃饭之际，是拜年的大好时机，小孩得压岁钱，大人遭殃，饭后一抹嘴巴，打道回府。

⑤乡村的正月十五打灯笼，约摸正月的初七八就提前开始了。孩童们的纸灯笼，五颜六色的打，宛然是平原村落里四处飞奔的梦，溅出笑骂，擦出火花，谁都想要。

…………

⑥大人说，过年真好，小孩说，吃肉真香。稍一愣神，年跑远了，春跑短了，腿跑细了，心跑野了。于是，瞅个晴朗天，吆喝着牛马驴骡，奔个好年。

（选自《读者·乡土人文版》2002年第2期，有删改）

1.选文按＿＿＿＿＿顺序叙写了豫东人家过年时年里年外的各种活动，从＿＿＿＿＿到＿＿＿＿＿，再到＿＿＿＿＿、＿＿＿＿＿，依次写了人们在春节期间的各项活动，略写的是＿＿＿＿＿＿＿＿＿期间的活动。（3分）

2. 联系上下文解释词语。（2分）

虔诚：_____

3. 下面的句子写得十分生动形象，请赏析其表达的妙处。（3分）

走亲戚的人们急急慌慌地上路了，穿绿戴红，车铃叮当，蝗虫似的，散落四面八方。

_____

_____

4. 读下面的句子，注意画线句子的句式，体会本文的语言特点。（2分）

踏进腊月门，嗅到年馍气儿，<u>闻见肉香，听到炮响，瞅见人慌，拐弯抹角</u>，年就来了。

_____

_____

年关的丸子汤

名师导读

　　年关越来越近了，小村人家会为过年提前做哪些准备呢？开始打扫卫生，准备家里过年的菜肴。过年期间少不了的就是各种炸货，厨房也就成了小朋友们偷吃的地方。在这篇文章里，作者用生动、质朴的语言给我们介绍了将近年关，自己和父母亲一起炸丸子、做丸子汤的"美味"事。

　　快过年了，一串串红红火火的鞭炮把树枝都压弯了。

　　豫东一带的年关，几乎没有什么开头。地闲人懒，扎堆侃天，侃着侃着，就陆续来了一些卖鞭炮年画、花车灯笼的小贩，随便一吆喝，人立马一激灵，年就到了。村头村尾，虽说腊八刚过去没有几天，<u>①但零</u>

❶ 把鞭炮声和杀猪声比作一只挠痒的小手，生动地写出了这些声音对小朋友的吸引力之大；把红红的脸蛋比作年画，表现了年关将至的欢愉氛围。

33

零星星的鞭炮声以及杀猪声宛如一只小手，把小孩子挠得浑身乱痒痒了，一蜂窝地朝着声音的源头跑，红红的小脸蛋仿佛一张张年画贴满了乡村的大街小巷。隆冬腊月里，迎着寒冷的北风，哈一口热气，那北风里荡漾开来的，是一股股香喷喷的年味儿。

小村人过年，家家必干4件大事：磨绿豆丸子、炸麻叶子、蒸蒸馍儿和炸油果子。而磨绿豆丸子，则是大事当中的大事，因为绿豆丸子只有我们几个小村才有，好吃、耐储存，放上一个月也照样鲜。正月里拜年，走亲戚送礼，都要在礼篮子里塞几把绿豆丸子，讨人家喜欢。所以一大早，娘就说："马上要到年关了，我们泡几盆绿豆吧？"<u>①我们心里恨不能把十根脚趾头都举起来，高兴地说："好。"纷纷去抢着挑井水。</u>井水挑来了，娘首先用簸箕筛选出上好的绿豆，倒进两三个大红盆里，再添上井水，井水和绿豆的比例是3∶2，然后就泡上那么一夜。到了第二天，真正的忙碌就开始了：这时候的绿豆已经被泡得皮笑肉不笑了，但依然是一副黄皮肤绿长衫的模样，我们只有不停地顺时针搅动满盆的绿豆，然后逆时针拿漏勺在水面上作蜻蜓点水状，飞快地捞出漂浮起来的绿长衫，才能使绿豆真正做到皮肉分离。<u>②捞绿豆皮的时候，我们必须半弯着腰，叉开腿，心、眼、手成一条线，一捞就是一个小时，即使我们轮流替换，但谁受得了这份洋罪？一天下来，常常是小嘴噘得能拴住头叫驴。等第三天再去捞绿豆皮时，谁都不积极，连放屁都没有谁笑话谁了。</u>

❶ "心里恨不能把十根脚趾头都举起来"，用夸张的修辞手法，体现出小孩子心中对绿豆丸子的期待。

❷ 捞绿豆皮看似简单的工作，实则很累人。孩子们也从最初的期待、兴奋，到"小嘴噘得能拴驴"，动作描写、神态描写很到位。

过年过年，大人慌，小孩馋。第五天的头晌，我们把三大红盆湿湿的绿豆瓣儿装上一辆架车，爹在前头拉车，娘在车把的旁边拉襻，四个小孩在车屁股后头龇牙咧嘴地推，准备到村中蒋大炮家去磨绿豆沫儿。可到了地方一看，好家伙，院子里都是等候磨绿豆沫儿的人，排在我们前面的还有四五家，蒋大炮家的叫驴都累得嘴里直往外倒白沫儿，人只好代替了驴。大人小孩一替一歇儿，慢得像老婆纺线线，看样子，要等到天黑才能排上号。娘为了节省时间，回家准备炸绿豆丸子用的胡萝卜、青萝卜等配料去了，我们就趴在架车把上等，等着等着，就睡着了。①等我们冻醒后睁开眼睛一看，院子里早已点起了一盏明晃晃的大汽油灯，前面还剩下一家半。爹小声安排老二回家叫娘，指挥我们往下卸东西，随时准备战斗，说得我们的劲儿一鼓一鼓的。看着三个装满绿豆瓣儿的红盆，我仿佛已经满嘴油花地喝上了辣乎乎的绿豆丸子汤了，我使劲擦擦干巴巴的嘴巴，吸溜了几下鼻子。

娘跑来了，连围在腰里的黑围巾都没有来得及脱，一上来就慌着点小石磨眼。②爹一边第一个当"驴"，一边为娘纠正一些动作，说别用清水点，最好用青萝卜，这样磨出来的第一道沫儿才会味道正宗，说得周围的人都拿眼睛嘲笑娘笨。娘多能啊，右手拿瓢狠狠打了爹一下，说："就你啥都会！既然你啥都会，你自己咋不生孩子啊？"一句话，把爹噎了个半死，拉着石磨半天没有吭气。第二个当"驴"的是老大，但是没有拉七八圈就缴枪投降了，我们都乱笑老大是麻秸一根！

❶ 通过周围灯光的变化来写时间的流逝，院中亮起了"明晃晃的大汽油灯"表明此时作者已经等了很长时间。

❷ 这个细节描写，写出了爹对于磨绿豆的熟练，以及爹和娘的深厚感情。

老大说:"你们还不一定胜我呢,笑啥笑?不信试试!"我逞能,二百五一样冲过去,结果推了没有两步就累趴下了,害得一圈子人都笑歪了嘴。正笑着呢,爹不知道从哪里牵回来一头老黄牛,把我扯到一边,套上牛,说"驴"站一边去,关键时刻还得靠牛!娘给了我一个立功的好机会,让我替她拿瓢接绿豆沫儿,这个活轻松啊,谁都可以干,只要别把绿豆沫儿顺着磨沿流到地上就行了。我也一时轻敌,刚开始接绿豆沫儿时,瓢总是对不上磨缝子,接着是跑的速度和牛的速度不一致,瓢在磨缝上忽快忽慢,忽前忽后,跑得①气喘吁吁的,还老挨娘的骂。爹倒是不骂我,但他要我学习牛走路,我学了半天也没有成功,干脆就把瓢让给爹,自己看笑话。结果,爹学得比牛还要牛,绿豆沫儿一瓢接一瓢地甩进红盆里,迈步收步几乎和牛同时,整齐划一,简直就像亲哥俩!

娘瞄了爹几眼,②"嘻嘻嘻嘻"笑起来,我问娘为啥笑,娘朝爹的方向扬了扬手,我也开始"嘻嘻嘻嘻"笑了。爹老脸一沉,把瓢朝我面前一递,意思是该我出场了。好在这时候,我已经变成了一个老手,接的速度快,动作非常娴熟,越发骄傲起来,简直有点不知道王二哥贵姓了。正得意呢,老黄牛忽然停了下来,"哗哗哗哗"尿了一泡儿,我赶紧端红盆,免得绿豆沫儿里溅进去了牛尿,但不幸的是,还是溅进去了一点点。我吓坏了,偷偷地看了一眼娘,娘正好也在看盆,好在她最后只是朝我笑笑,并没有当场揭穿我。③等到老黄牛再次撅屁股的时候,我应变的能力机敏多了,

① 形容呼吸急促,大声喘气,这里说明"我"接绿豆沫儿不熟练,跑得相当累。

② 在这个句子里,连用了两个一样的拟声词,使得语言生动活泼,也表现了家人的和睦。

③ 此处和前文牛撒尿时"我"的慌张形成对比,说明"我"干活时候的认真和细致。

红盆里的绿豆沫儿被保护得相当好，一点牛粪也没有溅进去，我在心里兴奋地连喊了几声。不过，兴奋仅仅持续了十几分钟，我望着自己的裤腿、鞋子，怎么也笑不起来了，因为，那上面满是热腾腾的牛粪。

深夜十一点多了，我们才七手八脚地回家，倒香油，烧大锅，娘往绿豆沫儿里拌上一些碎碎的萝卜葱姜和细粉，精盐和味料那么一打滚，依次类推，干净利索，末了，随便端起来一盆斜放在锅台上，只等着丸子们一个一个下油锅了。油开始微微移动，烟儿贴着波纹一丝一丝地向中央集合，不等中央部分形成什么气候，①娘半屈着左拳，拳里塞满了东西，搦出了铜钱口大小的一柱绿豆沫儿，只见娘右手一揪一团，一点一送，嘴里还不停地向老天爷许愿求福，保佑我们家明年五谷丰登，富贵吉祥。爹纠正说："孩他娘，老天爷现在在外边的院子里，根本听不见你许愿。要许，你只能许老灶爷的愿！"我们四个人不信那一套，两只手都抓满了绿豆丸子，油汪汪的小嘴塞得鼓鼓囊囊的，一个比一个鼓。爹说："看你们啃吃哩！等会儿，还要煮一锅绿豆丸子汤呢，看看谁的肚子还能装得下。"

终于，娘给我们一人盛了一大碗绿豆丸子汤，灌一口，那叫一个辣乎乎啊！我喜欢得不行，不要命地吃，嘴巴上连汗和鼻涕都分不清了。②娘问我们："过年喝丸子汤好不好？"我们纷纷点点头。爹说："年才刚刚开头，好吃好喝的都还在后头呢！"突然，我吃到了一个酸酸的绿豆丸子，心里"咯噔"一下，问娘："娘，这个绿豆丸子咋那么酸呀？是不是牛粪……"

❶ "半屈""搦出""一揪一团，一点一送"，几个动作描写表现了娘在炸丸子时动作的熟练，凸显了娘的能干。

❷ 通过"纷纷点头"这个动作，表现"我们"对绿豆丸子汤的喜爱。

37

"胡咧个啥?"娘狠狠拿眼剜了我一下说,"这里面怎么会有牛粪味儿呢?肯定是……汤里的醋……放多了……才这么酸!你你你……不想吃,滚蛋!"

我想笑又不敢笑,想说又不敢说,只好和他们一样,一个劲儿地埋头海吃。

紧接着,一个香喷喷的年,正一丝一缕地飘进我们家的小院。

(选自《中国社会报》2023 年 2 月 20 日)

延伸思考

1. 磨绿豆丸子要经过哪些步骤?请简要概括。

_____

_____

2. 通读全文,你能够体会到"我"和父母之间什么样的情感?

_____

_____

年　爷

名师导读

　　说起"年"，你最耳熟能详的可能是"年兽"。和年兽不同，年爷更像是一位守护神，因为有了年爷，人们过年期间才会格外的顺利。在这篇文章中，作者用幽默风趣的语言给我们介绍了年爷，给读者留下深刻印象。

　　①佛争一炷香，人争一口气，黄土埋住脖，死也当皇帝。这个人，就是年爷。

　　徐徐展开一幅豫东乡村的年画，只一眼，你就会惊喜地发现年爷正站在村口。然后，他朝着我们这些远道回家的人哈哈一笑，说一声"俺娃回老家过年来啦"，知冷又知热，像火又像炭。这一声，喊醒了人的心潮，叫酸了人的鼻子，拉住了人的脚步，打湿了人的眼睛，好像一个完完整整的年关又被我们背回来了……

　　因为有了年，所以才有了年爷。年爷们没有姓氏，一生做人，大气坦荡，十里八乡，为善为良，他们属

　　❶ 开门见山，直接引出文本中的描写对象。

于游走于年关生活里的乡村脸谱：生旦净末丑。年爷们各有各的活法，虽说穷是穷了点，一辈子也走不出自己的一亩三分地，但是苦不叫苦，什么时候不笑那才叫苦。往往最是眉头舒展的一瞬间，数不清的年月日从他们的一张张脸上跳下来，乒乒乓乓地乱打架，为什么呢？年爷说，夜里老做梦，想你们了呗！难怪，年爷上了年纪，老了，而我们这些做晚辈的，谁都不想再走年爷的老路，种一辈子的庄稼地。我们通常正月里出远门，腊月二十几才回，抛家离子，打工挣钱，没日没夜，忙忙碌碌，谁不一定会天天想谁，但谁和谁都有想念谁的时候，<u>①孩子想我们了会叫"爸爸"，或者"妈妈"，年爷想我们了只会哭，哭，哭……唉，除了哭，有什么办法呢？</u>

其实，年爷们和我们非亲非故，都是村里抬头不见低头见的老长辈，只要用得着他们，年爷们总会向我们帮一帮手，事后，也不在意我们谢或是不谢。

年爷们有"三绝"：逮野兔子，撒大网子，赶大车子，样样绝活儿。<u>②小孩子贪年，因为有花炮；年轻人贪年，图个有吃喝；而年爷们呢，则前面的两样儿都不想，大半个腊月正月，不论晴天雨天，年爷们都在反复做着这三件事情。</u>倘若晴天，他们常常会扛着自己的网具，唤上卧在墙角吐舌头的黑狗、黄狗，三五结伴，野外捕猎。这时节，一望无际的是麦苗，齐也算不上齐，人的鞋面子高，苗有叶无茎，随便你踩。野兔子缺粮，肚子发慌，整天在田野里四下乱窜，容易上当，不逮它逮谁？我们远远地站着，看年爷捡了一个靠近

❶ 通过孩子与年爷表达思念的方式不同的对比，表现年爷内心的丰富和柔软。

❷ 运用排比的修辞手法，写出了小孩子、年轻人和年爷过年时的不同活动，突出了年爷的勤劳。

沟沿的斜坡儿，悄悄布下了天罗地网，而后自己又跑到别的一个沟沿，让自己和黑狗、黄狗一起等待猎物的出现。等到发现目标，黑狗开始疯狂穷追，黄狗则在一圈一圈打着外围，年爷什么都不管，①一手拿着一根半截木棍儿，一手半捂着嘴巴胡乱地吼叫，边吼边跑……终于，黑狗、黄狗放过了野兔子，闪向两边，野兔子也不谦让，捡了个方向就往前跑去，"啪"，突然一声巨响，网倒兔亡！年爷神机妙算，白捡了一个便宜。当然也有耍一时聪明，不肯上当受骗的，企图朝那网的反方向跑，只可惜后来，一只只都成了年爷们的棍下鬼……

① 动作描写，"拿着一根半截木棍儿"和"捂着嘴巴"两个动作，体现了年爷在捕捉兔子时的认真。

雨天就更有趣了，雨打河水鱼更欢，正是撒大网子捕鱼的好时候。②年爷两手把网，猫着腰，瞪着眼，死盯住水面，忽然奋力一撒，慌忙收回，一次次的收获总是沉甸甸的。撒到鱼并不算什么本事，次次不落空、一次比一次撒得多才是本事，年爷的本事就是他的那一双眼睛，会根据波纹察水观鱼，只要一下，就知道了河水里面的鱼到底有多少。我们小的时候常常跟在年爷的屁股后头，一来学诀窍，二呢等他们撒鱼结束之际讨些过年的碎鱼吃，而结果总是不能如愿。年爷每一次都这样教训我们："小屁孩子学也学不会，我到现在已经学了五十多年了，还只是学到一点皮毛。"所以，年爷的第二个"绝"至今是个谜。"赶大车子"最绝，车是架子车，上面围席裹了，算是顶棚子，模仿了旧时的太平车，拉车的是两头叫驴子，公的，脾气暴躁，时常有劲不往一块使，恰恰年爷就是那赶车的人。对

② 通过动作描写，表现年爷捕鱼时的专注，以及捕鱼技巧的高超。

❶ 细节描写，凸显叫驴子对年爷的惧怕。

❷ 一个反问句，写出了年轻人贪杯之后的场面，增强语言气势和说服力。

付它们，年爷使的是慢性子，用自己的慢磨叫驴子的暴，稍稍一快，鞭子就下来了，一顿两顿三顿，叫驴子果然怕了，一怕就不得不学乖了。后来，① 只要年爷随便咳嗽一下，叫驴子立马打哆嗦，原来所有的坏毛病荡然无存了。正月里走亲戚的路上，有年爷的时候路就特别顺，日子也特别顺，我们从自己小小的胸腔发出这样的感叹："年爷，了不起！"

所以，我们一盼吃兔子肉，二盼喝年鱼汤，三盼坐大车子，每天每晚，想得你心烦。可大人说："大年三十晚上逮了个兔子，有它没它，照样过年。"这样的话，不听也罢；大人又说，"年爷撒来的鱼太碎了，端不上桌面，怕人家没准会笑掉大牙，嫌咱们家小里小气的。"想大鱼想疯了，等年过去了，我们的日子到底还过不过？大人还说，"走亲戚赶大车子应找个腿脚麻利的，最好年轻人，年爷的脾气'肉'，赶起大车来，比老鳖长跑还要慢。"我们在心里"嗤"了一声，谁不知道年轻人呀，② 倘若中午贪了杯，下午你就不怕连人带车都给你们赶到某一条野沟里？我知道，大人们是在嫌年爷老，但他们都忘了年爷也有年轻的时候，都忘了年爷有过的"三绝"，究竟是从哪阵子学来的。年爷回忆道，大人们的小时候，苦啊，这"三绝"都是无师自通，逼出来的，一个小孩四个爪，一张嘴巴一条命，把他们一个一个养活不容易呀……

年爷说着说着哭了，我们听着听着笑了，"娶了媳妇忘了娘，把娘送到高山上"，大人们这不是昧良心吗？

出门在外，盖房盖楼，没日没夜，打工挣钱，渐渐明白了年爷话里有话。①生活生活，就是一个人一辈子在生"活着"的气。种庄稼，收五谷，不认命，不服输，吃好喝好就是福，人模狗样就是气。后来的情形是，我们就开始想念老家和爹娘、孩子的消息了……对，这个最亲的消息，就是我们②日思夜想的年，年年吉祥、岁岁团圆的年呢！

我们忽然发现，年画里的年爷并不是原来的年爷，他是我们小时候的大人，大人怎么又会变成年爷了呢？大人没有说话，却把我们领到一座新添的坟头前，不等我们再问，大人早咧开大嘴巴哭起来了。我们也哭了，说："年爷啊，你为什么等不到我们回家就……"大人一边擦泪一边叹气，"好人不长命呐""皇帝少，百姓多"啊，我们扑哧一下笑了，不过，没有心情和大人理论一番。

大人就是我们的新年爷，用不了多少年，我们终将会变成别人的年爷的，尽管这只是时间的问题。可以想见，年过得很仓促，虽然该实现的都实现了，该完成的都完成了，可还是感觉少了一股小时候的欢庆劲儿，再和眼前的小孩比较，自己一脸的清高。正月刚满初五，城里就来电话催，亲戚走了一半，十五也过不成了，没办法，第二天清早只好背上行李，放了一挂 500 头的鞭炮，祈愿出门见喜，天天发财，然后呢，又把年爷一年的牵挂背走了。

年爷说，沉默就是大气，无言就是抗争，人的一辈子，就是这样一年一年加上去的。

我们何尝不是年爷眼里的年呢？

（选自《长江文艺》2005 年第 3 期）

❶ 随着生活阅历的增加，"我"也渐渐明白了年爷所说的话，这里的叙述点出了生活的意义，能够让读者感同身受，产生共鸣。

❷ 形容极度挂念或渴望达到某种目标，不分昼夜。

延伸思考

1. 文章中写到了年爷的哪三绝呢?

_____

_____

2. 读完全篇后,你认为年爷是怎样的人?

_____

_____

3. 你怎么理解结尾的句子?

_____

_____

大地上的农事

名师导读

　　一年之中有二十四节气，每月两个节气，每个节气均有独特的含义，农民根据节气进行农业生产。本文选取了几个具有代表性的节气，通过对它们的描写，写出了不同节气时的农事。

白　露

　　9月8日，农历八月十一，白露，泥湿，冬瓜呀，倭瓜呀什么的爬满了河沟地头，它们长得太难看了，连狗都懒得看一眼。

　　估计一个上午，风就把村子里的人人小孩刮跑了，全都刮到了一望无际的庄稼地里，掰玉米棒子，割豆子，杀芝麻，砍秫秫儿，干活之余，^①有的人嘴巴还不停闲，一个劲儿地偷吃庄稼，一连串地放屁，风一刮，能熏十里地那么远。没办法呀，这些能吃的庄稼

❶作者用夸张的手法描绘了农忙之景，令人捧腹的同时也令人感受到农民生活态度的豁达与乐观。

45

都是生的，吃了生东西，人肯定消化不好，肯定老放屁。问题是有的人他还乱吃一通，啃几口嫩玉米棒子，塞一把芝麻，嚼几下秋红薯，再塞一把芝麻，反复几次，肚子就饱了。接下来的事情，就是肚子发撑、作闹、发撑，然后拉稀，把肚子里拉得空荡荡的，连回家的力气都没有了。

估计到了村子口附近，时间已经过了晌午，家家户户的烟筒里开始冒烟了，男人女人开始逮鸡、杀鸡，煮鸡，耳边那阵势，哪怕只听几分钟，也是很解馋的。

小跑到家，杀鸡。冬瓜炖小鸡，蒜面条儿，凉拌，这是他们家的晌午饭。

一下午的工夫，他的主要任务是：拉稀。

晚饭的主要内容是冬瓜炖小鸡，白面馍，绿豆稀饭。

他蒙头大睡。他认为，①生活的哲学就是：不吃，饿；吃了，许多屁事就都来了。

半夜，老牛生了，而且是三胞胎。

❶ 一句简单的话概括出生活的本质，简洁明了地写出生活最原本的样子。

秋　分

9月23日，农历八月二十六，一缩脖子，冷。

除了继续生长的红薯地，北方大部分的庄稼地都收拾干净了，没霜打的红薯吃了不甜，所以干脆，一直把红薯地留在最后去收。可是，人是不能闲着的，人一闲，地就荒了。

怎么办？耩麦。

一大清早，小雨就来了，一直"滴滴答答"到晌午，

① 估计晌午饭以后它该停了，可它就是脸皮厚，勾着头、弯着腰地下，谁都不理。一搁下碗筷，就是下午了，再不耩麦，就没有时间了。抬了耧耙、牲口套儿，扛了一两袋麦种，牵了老牛，还有3头正吃奶的牛，慌慌张张之间，几口人就下地了。

套牛，试耧，贴茬，拉耧，一粒粒胖乎乎的麦子就耩下去了。走在耧前面的，是帮衬着牲口拉耧的大人小孩，最前头的，是老牛小牛。把耧的人，一定得是老家长，有耩地经验，懂入土深浅，耩麦子要稠，大约三指准，而一两指之间的地方，恰好是雨水刚刚湿了一下地皮儿，墒情好，麦苗才好。耩着耩着，大人小孩就高兴地唱歌、唱戏，唱《南阳关》《包青天》，唱《阳光路上》《迎风飘扬的旗》。歌声把牛们的高兴劲儿也带动起来了，虽然它们不会唱歌、唱戏，但它们集体策划了两场比赛：比赛撒尿，比赛拉屎。它们②兴高采烈，一边干活，一边比赛，你不服我、我不服你似的，直到比赛结束，麦子耩完了，谁都没有当上冠军。

不知道什么时候天变黑的，不知道什么时候出了一身的汗，更不知道，热乎乎的汗珠子是什么时候一粒一粒变凉的。

一群群像他一样身材矮墩墩、关节粗大的中国农民，正在把他们的灵魂还给大地。

❶ 运用拟人的修辞，生动活泼，表现了秋雨连绵的特点。

❷ 这里运用拟人的修辞手法，表现牛们的状态。

47

寒　露

10月8日，农历九月十二，露水更多了，一夜一地，一颗颗趴在地皮上。

①太阳变白之后，田野也变白了，就看见光秃秃的红薯地，其实也不是全光，倒是红薯叶子沾了露水，全都粘在地皮上，没了骨头，好像一摊水似的泼开，收都收不回来了。叶子干巴也就干巴了，秧子干巴也就干巴了，关键是，土里面有没有"货"？人眼是看不出来的，狗眼是看不出来的，牛眼马眼驴眼等，也都是。只有打它个几天寒露，晒它个几天日头，把它打蔫了，晒老实了，再一条一条地修理它，就像爹整天在修理地球一样。

快晌午的时候，露水晒化了，爹招呼全家人下地，拉车，出红薯。出，就是挖的意思，②就是先把红薯秧子、叶子砍断，卷被子似的卷起来，卷成一个个圆球儿，滚到土路边上不管它；就是拿抓钩绕着红薯根子垄一圈，刨去泥巴，露出大大小小的红薯脑袋，抱住这些脑袋轻轻晃晃，再垄，红薯们的腰就露出了，接着晃，再垄。当红薯们只剩下红脚丫还埋在土里时，只要你抓住红薯脑袋上的主根子，最后使劲往上一提，"啪"，一窝红薯就算离地了，这就叫出了。出完了这一窝，走两三步，顺了垄，再出下一窝，垄和垄之间的小沟里，地身子长，沟就长，红薯叫啥名字的都有，张三李四王二麻子，扔满了一窝窝晒太阳的红薯，一眼望不到边哪。

❶ 环境描写，"太阳变白"和"田野变白"能够看出此时的温度非常低，写出了寒露时节的特征。

❷ 详细介绍了挖红薯的整个过程，从这个过程中能够看出，挖红薯是非常讲究方式方法的，也让我们感受到干农活的艰辛。

并不是每一个人都出得那么顺利。比如说，垄红薯的中途，①那抓钩的铁钩垄偏了地方，一下子落在一块红薯的胸脯上，那么，你就得重点挖刨这块红薯，重点把周围的泥巴一点点挖干净，把它重点起出来，即使它是一块碎玉，即使它是堆破瓷片，你也得把它小心翼翼地起出来，因为它是粮食。比如说，抱着红薯往上晃的时候，半途中，陷在土里的红薯就断了，剩下的，只能一寸寸挖，破釜沉舟地挖，无论把它分两三次起，还是分七八次起，只要起出来能吃，它就是粮食。再比如说，晃红薯的关键时刻，红薯顶上的主根子断了，红薯们就不能集体出，②只得一块一块地出，大大小小地出，麻烦死人了，但是再麻烦，也非要出，因为它是粮食。我想，爷奶爹娘叔伯哥，七姑八姨拐弯舅，数来数去，跟你最亲的，还是它，粮食，我们蒋寨大地上的粮食！小麦是粮食，玉米棒子是粮食，秫秫是粮食，红薯是粮食，黄豆绿豆是粮食，豌豆扁豆是粮食，离了粮食，地球照样转，可是你，早饿飞了。"飞到哪儿呢？"我问娘，她摇摇头，意思是不知道。我问爹，爹说："你问你爷爷去？"爷爷指了指一个方向说："小建伟，你问它吧！"

红薯地中间，有一小片坟，爷爷的爷奶爹娘叔伯哥正在里面睡觉，爷爷指的是那儿。

后来的后来，我们绕着坟地出红薯。

等出完了，坐在红薯秧子上歇歇，然后把架子车拉进地里，开始装红薯。③红薯最喜欢抱团儿，三五个一伙，七八个一帮，好像老生产队长全家在开会，

❶ 细节描写，写出了挖红薯对技巧的要求之高。

❷ 作者运用反复的修辞手法，重复了三次红薯是粮食，强调了广大农民对粮食的珍惜。

❸ 把红薯拟人化，"抱团"能够看出红薯堆在一起数量之多，把抱团的红薯比喻成老生产队长全家在开会，非常有趣。

个个脑袋顶上系着同一根红绳似的物件儿，这红绳，是红薯的主根，只要拎起来，抖搂几下，红薯身上的泥巴就没了，红薯就变成我们家的人了。忽然想，这么多的红薯，如果个个都变成了我们家的人，那我们该有多少个兄弟姐妹呀？那我娘该有多少个孬儿孬女呀？不知根知底的，难道，还不笑话我娘的肚子咋这么会生呢？想半天，老想笑，偷偷摸摸的，藏着掖着的，生怕被别人发现了。等笑够了，<u>①就开始一嘟噜一嘟噜地装红薯，把整个车厢装平整，装冒尖儿，像埃及金字塔的塔尖。就套上老牛，往家里拉，一车一车拉，就像我们往家里搬东西。不一会儿，偌大的红薯地就被搬空了，变成一张空荡荡的牛皮纸。</u>

剩下的，都是一些小事情，就是晒红薯，一天几天的，再堆在屋山墙角，不去管它，长时间地不去管它，好像没有谁来关心这件事情似的。

<u>②三胞胎小牛在"噜噜噜"往上长个子，我也在长，难道就这样，十几亩地的红薯没人管了吗？</u>

霜　降

10月24日，农历九月二十八，是霜降，大地上有一件重要的农事。

<u>③早晨，我被一阵"扑通扑通"的声音弄醒，想从被窝里钻出来，可是太冷，就继续睡，但还是被那声音弄醒，且声音越来越大，还夹杂了大人们的说笑声，就更睡不踏实，干脆起来了。推门，一看天，才麻麻亮，</u>

❶ 运用比喻的修辞手法，把堆砌好的红薯比作埃及金字塔，突出了红薯的数量之多和堆放之整齐。

❷ 用"三胞胎小牛"和"我"的成长来暗示时间的流逝，具有画面感，能够凸显时间流逝之快。

❸ 拟声词"扑通扑通"让文章更有生活气息；通过写"我"不想起床，侧面表现出天气的寒冷。

好像五六点的样子，再一看，爹他们正咧着嘴儿"嘿嘿嘿嘿"傻笑哩。

"这么早，下神了你？"我问。

"神？哎呀，神你舅个头。"二叔说。

"胡咧个啥！"娘不好意思地点了二叔一下，说，"你咋这么和小孩说话？"

"哦，你看看我，你看看我，这不文明的词儿啊，好像一个个长了飞毛腿似的！连草稿都不用打了呢！"二叔连连解释。

"你们到底干啥哩？"我大声问。

"挖红薯窖呢。"爹说。

"那，挖多深了？"我问。

"还没有你个子深哩！"二叔说。

我跑过去，看了看那个坑儿，长方形，恰好到我的腰，窖的形状，又似曾相识，好像在哪里见过，但一时自己又说不上来，只好一会儿看看二叔，一会儿看看坑儿，如此的动作，重复了好几次。

"有这么当叔的吗？哦，你的意思，是指这坑儿是挖坟坑儿呀！你是说，像咱爹死的时候挖的那个坑儿，像咱大哥蒋德船死的时候挖的那个坑儿——你你你，你怎么……怎么……"我听见娘的埋怨声里夹杂了一丝哭腔。

坟坑儿！怎么可能是坟坑儿呢？我想，二叔肯定是口误，娘肯定是误解了二叔。

"算了算了，算了算了，你值得这么①一惊一乍的吗？"爹呵斥娘。

① 指人的精神过于紧张或兴奋，行为举止反常夸张，让人受惊吓。

"我是说，这个坑儿不是坟坑儿，是红薯窖。"二叔解释道。

"就你知道是红薯窖？就你能！"爹向二叔低吼了一句话。

我想偷笑，笑二叔憨不愣登的样子，连傻子都知道他说的啥意思了。我把笑声使劲朝肚子里咽，结果呢，咽了好几次，最后一次没有咽进去，笑声还是偷偷溜了出来。

❶ 语言描写，突出父亲在教育"我"时候的严肃和认真，也反映出红薯是非常重要的口粮。

① "笑啥笑！还不拿铁锨帮我们挖红薯窖！"爹瞪了一下我，我立马变得乖巧，慌忙去找铁锨，找了大半天，最后在猪圈里找到了。

"快点挖！"娘催促道。

"就是，'一季红薯半年粮'啊！"二叔见坡下驴地说道。

爹一句话也没有说，只顾"吭哧吭哧"地挖呀挖。

晌午饭的工夫吧，红薯窖挖好了，有五六米深，长十来米，宽六米六，相当于三间房子大，能在里面学驴打滚儿。② 窖顶上，横着篷上七八根碗口粗的栋树木头，再横一些竹竿长的柳树、杨树、槐树的枝丫，然后就是竖着篷柳树枝了，先是胳臂一般粗的，再就是手指头一般粗的，再就是筷子一般细的了，篷到最后，大人小孩干脆"噌噌噌"爬上一棵树，逮住一把树枝儿，"劈里哗啦"随便一折，院子里就铺满了一层绿绿的枝叶，宛如下雪似的。等折够了，就抱到红薯窖旁边，乱七八糟地铺，里三层外三层地铺，然后呢，找来几张破破烂烂的凉席，工工整整地盖上，好像过年时给

❷ 描写人们在红薯窖顶上铺枝丫的过程，语言生动活泼，画面富有动感。

先人坟上烧纸钱那样庄重。最后，是用铁锨朝红薯窖顶上垫土坷垃，拼命地垫，垫的越厚越好。可是有一刻，我迟疑了一下：要是这些个土坷垃漏下去怎么办？爹看出了我的迟疑，说："傻小子，你只管垫吧！你现在就是学驴打滚儿，土坷垃都不会漏到窖里去！我们篷的严实着哩，连一个针尖都钻不过去！不信，你钻钻试试——"

我当然不敢往里面钻，也不能钻，再说了，我算老几？想着想着，我的肚子就"咕噜咕噜"响了，饿了，像炸焦豆子一样，一阵比一阵响，一声比一声急。我实在忍不住了，喊："我饿了——我要吃蒜面条——"

吃了蒜面条儿，就开始往窖里送红薯。窖里得留一个大人，窖口再留一个大人，剩下的人不论大小，全都是一根绳子上的蚂蚱，而那根无形中的绳子，就是一小竹篮一小竹篮在空气中走过的路，看不见摸不着的路，从屋山墙角到窖里面的路，大人小孩们的手，反倒成了这条小路上的一个个脚印。

① 一直到太阳变成一个鸭蛋黄，一直到屋山墙角落了空，一直到封住了窖口子，路才消失，脚印才消失，人才消失，他们到哪里去了呢？

做好了晚饭，娘就开始叫孩娃大小们吃饭，可怎么叫也没有一个人答应，只有狗答应、猪答应、牛父子们答应。我们呀，都歪在一堆豆子袋上睡着了，不识相的，连口水都奔拉到胸脯上了，泅湿了一大片。

有一阵子，爹睡醒了，推推二叔，推推我，无论怎么使劲都不顶用，我们太累了，太瞌睡了，太喜欢

❶ 运用比喻的修辞手法，把太阳比作咸蛋黄，非常形象地写出了黄昏时刻太阳的特征。

53

做梦了，相比起这些，吃饭有什么意思呢？还是睡觉有意思，真有意思啊。

黑暗里，我被一泡尿憋醒了，就一骨碌爬起来，眼也不睁一下，糊里糊涂就冲出了院门，好像在红薯窖的附近吧，"哗啦啦"一通乱尿，然后在深一脚浅一脚地摸回去，倒头便睡，脑子却渐渐醒了，醒后的第一反应就是饿，要吃东西，睁开眼睛看了看，大人们都睡觉了，怕是指望不上谁了。

西侧的灶屋里，我在锅里找吃的，但无论什么东西都是凉冰冰的，不想再烧火热热，饿死人啊！就凑合着吃，一口暖着下一口，末了，随便舀了一瓢凉水喝了，最后，一路摸黑地上床睡觉。

① 恍惚中，好像娘醒了，轻手轻脚去了灶屋，后来轻手轻脚回来，好像自言自语地说："唉，这孩子，锅里的东西咋不知道热热呢？就两把火的工夫，咋就不能等了呢？"

恍惚中，好像后院邻居家的羊在叫，一声接一声，"咩咩"不像是"咩咩"，很像是"哈塞呦"，或者是"思密达"，朝鲜语叫"合니다"，像朝鲜电影《卖花姑娘》女主角花妮说的外国话，听着，听着，让人满脸的问号……

可是，邻居家的那些羊姐羊妹、羊哥羊弟们，它们什么时候去韩国旅游了呢？

❶ 作者两次写到了"轻手轻脚"，说明了娘怕吵到"我"睡觉的心态，侧面体现娘对"我"的爱意。

延伸思考

1. 本文的结构比较新颖，采用小标题式的结构有什么作用？

_____

_____

2. 结合文章，分析本文的语言特点。

_____

_____

黄昏一缕香

名师导读▶

黄昏是一个浪漫的时间点，很多浪漫和美好的事情都发生在黄昏，很多文人墨客也对黄昏有非常唯美的描写。李端在诗里写道"白马逐朱车，黄昏入狭斜"，白居易在诗里写道"犹去孤舟三四里，水烟沙雨欲黄昏"，可见黄昏能够让人看见美好的景象。在本文中作者描写了黄昏时刻与野兰花的浪漫相遇。

那个黄昏，山野里升腾着一股微醺的闷热，黏黏的衣服贴在人身上，一动，衣服窸窸窣窣乱响，说不出的难受。本来是不想返回去的，刚刚走了几步，香气还袅袅渺渺地萦绕着，仿佛把我的魂儿勾了去。

"不行，我还是得返回，哪怕就闻一口。"我跟同行者说。他们只顾笑，不解我意，略带一点点不情愿，后来还是随我返了回去，第二次去闻主人院中的两盆野兰花。难怪他们有一点点不情愿，因为我要反复看的，并不是他们想看的；他们着急想看的，又不是我所关心的。

①走近了些，野兰花的香气宛如一根银线似的飘漾过来，野性，空灵，幽谷里的精灵似的扑过来，刺激着鼻子的嗅觉，放飞你的想象力，溜进肺腑，一下子就抓住了你的魂儿，"哧溜"，一缕浓香便钻进了你的心尖上。凭感觉，这两盆兰花的香，尽管都是浓香型，但各有不同：②花朵浓密的这束，是怒放，开过了几日，香得没心没肺、一泻千里，很容易被大家接受；花朵稀少的那束，是初放，慢慢地闻，香气有些单纯，丝丝缕缕地弥漫开来，缥缈开来，散发成了星星点点的空气。随了风，随了阳光，单薄、专一，末了，香气变成了浪漫无边的空气，这种香气，仿佛从没有来过一样。"空气有什么好闻的呢？"同行者中有人小声嘀咕，忽视着，又走到别处。我在兰花稀少的那一盆面前止步，低下头，躬身去看，满眼是欣赏和倾慕的神色，打量她深情款款的叶子，观察她充满羞涩的黄灿灿的一束小花。细细地吸，上下左右地吸，使劲地吸，恶狠狠地吸，仿佛要把全世界的香气都吸进自己的肚子里。少顷，再徐徐、深深、长长地呼出去，一点香气都不留地呼出去，宛如把整个的我都交出去。啊，这个世界原来那么香！那么迷人！

这个农院的主人姓苏，72岁了，弟弟小他两岁，他们专门做野茶，"大师傅"级别，搁在茶厂打工，年薪至少50万元。整个下午，我们就是在兄弟俩的家里喝的野茶。见我如此迷恋这一盆兰花，他一脸郑重地说："先生果真是个识兰的君子。她是武夷山的野生兰花，我三年前上山挖来的，这类兰花品种非常稀有的，

❶ 作者用比喻的修辞手法，把野兰花的香气比作一根银线，生动形象地写出了野兰花香气的悠长缠绵。

❷ 细节描写，分别写出了两盆兰花的不同香味，表现出不同香味的不同特点。

初开时，香气不怎么醇厚，但她花期长达二十天，越开越香，整个庭院都浓香扑鼻，你往这里一站，仿佛自己就站在山顶上一样！"我被苏师傅的话逗笑了，问："这兰花，能不能带回北京去？"他连连摇头，说："野生的就是野生的，只有我们徐家厂这样的小山村，野兰花才能养活，哪去得了北京呀？"我想想也对，①野生，就是大自然中万事万物的一种原生态，法则一旦改变了，它们的生存环境就会受到破坏，加速物种的灭绝。野的，也是少的，它们和人一样，都是极难养的。如此美丽、迷人的兰花，一天天活在山野人家的喜怒哀乐里，她一刻也没有离开过山水故园，香气一刻也没离开过她，多好。为什么非要离开这儿？

我不禁有些惭愧起来，刚才的贪念太幼稚了，怎会有此贪念？②她的美丽惹人爱怜，她的香气多么迷人，她的粲然一笑，只会在你我的梦中出现，散漫的野性，散漫的不期而遇啊。如此想下去，苏师傅也是一个怀揣爱情的人，他养好了两盆野兰花，也就留住了满世界的香气，还有我们这些循着香气访山的人。香气就是空气，野气也是空气，山水也是空气，爱情也是空气，日日年年，我们最后也会变成空气，悄悄消失在大山里的。其实呀，③苏师傅是祖辈做茶的，他们家屋后有山，山上到处都是野茶树，野茶树都是祖先种下的，祖先留下了野茶山和做野茶的手艺，"野"这个字，蕴含了祖先在大自然中生存的秘密，可以想怎么写就怎么写，还告诉后人们"怎么在山水之野中寻找一条活路"。祖先的话，苏师傅兄弟两家做到了，子一辈也做到了，应当说，一

① 用一句话突出了文章的主题，呼吁人们对自然界中的万物怀有敬畏之心。

② 运用拟人的修辞手法，赋予野兰花人的特质，生动展现了野兰花的特点。

③ 苏师傅制茶的工艺是祖传下来的，体现了家族文化传承的意义。

个"野"字，成就了一个茶世家。

忽然，苏师傅问我："你感觉，这一阵子和上一阵子的香气比较的话，哪个更香？"显然，他所关心的问题，很朴实，不是我们对下午喝过的他们家的野红茶的评价，而是对这野兰花香气的评价。我想了一下，答道："都是一样的香，非常浓烈的香，一样迷人，不能作比较——我也不应该比较。正因为两次都一样，我才会感到，第二次的返回是值得的。"苏师傅点了点头，什么也没有说，他知道，再说什么，都是多余的。

野生就是野生，山里的就是山里的，离开了山河故园，就什么都不是了。我们一边走出农院，一边跟苏师傅交谈着他的兰花、茶事。① 老人告诉我们，曾经有个福建的茶老板欲高薪聘请他，他想都没想就拒绝了，祖先们留下的野茶制作手艺不能丢啊，如果在他手里丢了，他真的对不起先人，挣再多的钱有什么用？他说他就像野兰花一样，天生是属于这片山野的，没有山，就好像走路没有腿、养鱼没有水，人活着，还不如死了呢？我听了他的话，不知该怎样安慰他，只能望着天发呆。中国是世界上的茶叶生产大国，但却不是茶叶出口大国，中国的"铁观音""金骏眉""大红袍"，名气大不如英国的"立顿""唐宁"，印度的"阿萨姆""大吉岭"，斯里兰卡的"乌巴"这些红茶，② 为什么？中国缺茶叶生产商，缺做茶的大师傅，缺纵横万里、畅通地球村的茶道，缺做茶人的良心。老人说，村里像他这样会做茶的，不算少，但大都上了岁数，做不了几年了。年轻一点的呢，嫌赚钱少，纷纷外出打工

❶ 作者通过写福建制茶老板高薪聘请老人却遭拒的事例，突出老人的淡泊名利和对初心的坚守。

❷ 以设问的形式，解释了中国为什么没法成为茶叶出口大国的原因。

去了，两月工资抵得上山里人一年的收入，做茶的手艺没有几个人愿意学，越学越穷啊！他们兄弟两家好一点，男孩子都比较听大人的话，愿意跟他们学，如今已子承父业；倒是女儿、侄女，她们不愿意，她们一个是厦门市的企业家，一个是县医院的护士长……

他自顾自地说，一直送到我们上车了他还在说，说来说去，还是重复他刚才的几句话，这些话，显然对他很重要。车子开出老远，恍惚中，他的话还在耳边重复，听着听着，我突然想哭了。

返京多少天了，我肺腑里还飘漾着野兰花的香气，一丝一丝，一缕一缕，宛如大雪弥漫，宛如大雨倾盆，宛如浓缩了几个世纪的思念，扑到我梦里，①不顾一切地抱住我，让我睡不囫囵。

原来，看见她，香气落了一地。

（选自《深圳特区报》2023年2月1日）

❶ 意思是什么都不顾，这里委婉表现了野兰花香气对"我"的震撼之大。

延伸思考

1.通读全文，请解释文章标题"黄昏一缕香"指的是什么香味。

2.请结合文章，分析苏师傅的人物形象。

黄昏鸟

名师导读▶

　　本文标题是《黄昏鸟》，看似写黄昏鸟，实则是写作者
的大姨。大姨不幸因病离世，给作者留下无限的思念，只能
把这种思念放在心间，用黄昏鸟寄托自己的哀思。本文的情
感非常真挚，读完本文之后能够感受到作者和他大姨之间浓
浓的亲情。

　　我实在想不起这是一种什么名字的小鸟。

　　傍晚时分，它们总会"扑棱"一下，从一簇树冠
之中惊飞，扑进另一个快乐的天堂。一天的喧嚣渐渐
沉寂下来，我们的心境透明无比，河边漫步或是公园
小憩成为一个人的功课，偶尔抬一抬头，小鸟们以快
乐的方式正在迎接黄昏。

　　也许是禅意三分，谁都没有在意，浅浅的风来
得恰是时候。名字是我给这些小精灵们起的，"黄昏
鸟"，美丽而又迅捷，就像电视台每天晚上的《天气预

① 描写了老人们相聚在湖畔唱歌时的不同神态和动作，凸显了老人们的闲情逸致。

② 引用歌词，渲染出一种恬静幽深的氛围。

报》。如今，我的位置是在北京团结湖公园西北隅。这里，①老人们相聚在湖畔的一段亭台里，或站立，或闲坐，或双目炯然，或声情并茂，用他们的肢体语言打着节拍，诠释着歌声中的每一个字。在这里没有谁不会被他们的歌声感染，不会被他们的歌词感动，一个字一段情，一个字一场梦啊。②他们饱含深情地唱："真的好想你／我在夜里呼唤黎明／天上的星星哟也了解我的心／我心中只有你……"一时间，我泪水滂沱。

　　暮色四合，一丝一丝的感伤翩然而起，"怨憎会，爱别离"，阴晴圆缺，风雨雷电，多少人生的风景果如佛家所言。很多的时候，看风景的眼睛一只向左，时间或者时间之上，一个即将完整的故事在一条时间的抛物线上正黯然滑翔；而一只向右，大风或者大风之上，我看见许多被无限放大的想象力从天而降，就像一个人的两只脚，它们走路的姿势和一位老人多么相像。是的，老人的脚下可以有一片落叶，杨的桃花眼，柳的娥眉儿，槐的三月唇，桐的九月心，杨的、柳的、槐的、桐的情人们都可以在一条路上期待一个轮回的约会。九月的约会，老人都会踏着金黄色的浪漫欣然而来，一个，然后是再一个，他们行走在一地落叶的呢喃里，他们用歌声迎接自己的一种浪漫，相思花的迟开不会因为一个人的黄昏而低低叹息。

③ 采用对比的手法，将小鸟的声音与老人的声音对比，凸显老人歌声的纯净。

　　是鸟声牵引了我的脚步，我看见一朵朵美妙的音乐缓缓飘落在团结湖的额头。公园里林木葱郁，小鸟们的大合唱当然就成了自然界空前的盛况。③然而，较之那些老人呢，那里的歌声似乎更加纯净许多，比经过十八道过滤系统的纯净水还纯净。我打心眼里羡慕老人们的歌声，他们才是今天晚上的一只只小鸟，飞翔在大树小树丛林中的一个个快乐的音符，他们把千里之外的一步之遥的你都想象成了零距离，他们心中，你也在一刹那变成了快乐的小鸟。我真真切切地知道，①他们是用自己的歌声表达着"真的好想你"，歌声里的一种沧桑饱满而立体，就像我们眼睛里的几何图形。在我的眼前，虫子一般的春天爬过去了，夏天也过去了，那个未来的冬天呢？一个老人轻轻对我说过，这个秋天真的，真的好想你。我没有老人脸上的沧桑与从容，没有老人脸上的深情与痴迷，但我知道会有那么一天，我终将变成那个不知姓氏的老人的。在时间的细细打磨下，每一个人都会如此。沧桑的相思与风中歌唱的老人，一支老歌与丝线般曲曲弯弯的想念，我情不自禁地变成了他们中间的一个，我慢慢变成了母亲的黄昏时节，想见了她的老年，从我的嘴里唱出了一个女人的思念，想念我们千里之外的陕北神木县城的遥远的亲人，多少动情的一幕，只有在梦里独自飘零了。

　　我小的时候，只见过大姨一面。②那时候她还在甘肃河西堡的一所幼儿园里教书，所以每到过年时她总会给我们一帮河南项城的小外甥们，寄来一些那边的玩具，比如七色积木、塑料手枪之类。我们随便一亮，总会在那些乡村孩子中间激起很大的波澜，玩惯了木枪、木刀的他们（包括他们的爹娘爷奶），哪见过

❶ 用比喻的修辞手法，把歌声里的沧桑比作眼睛里的几何图形，化无形于有形，凸显歌声的深情。

❷ 通过写具体的事例，表现大姨对"我们"的关爱，使人物形象更加丰满。

洋玩意儿呢？大姨跟我们是多么的亲啊。然而更亲的是，大姨每年都要给我们家寄上40元钱，一直坚持到我15岁（早过了农村孩子要压岁钱的年龄），算是我们姐弟四个的压岁钱。但那不是我们的，母亲通常把钱压到床席子底下以备急用，这在凄长愁苦的年月无疑是雪中送炭。长大了以后，才知道大姨是年轻的时候去甘肃支边没再回来，在那边结婚生子，生活也很艰难，当时真有一种想抱抱她亲亲她的冲动，大姨的压岁钱让我们时常激动得无话可说。按母亲娘家的宗族关系，母亲和大姨原本是拐了两圈的老表，换了别人早已经谁也不认识谁了，①但母亲和大姨都是各自家里的独苗，一个父去，一个母亡，都是从小在苦水里泡大的姐妹，她们即使成了家又怎能忘记当年的手心手背之情呢？母亲对自己的这个妹妹太知根知底了，她实在是过意不去，后来反复跟我们四个做儿女的讲，为人处世不可贪图别人的小便宜，你们大姨给你们的好一定要一辈子记住。我记得在小弟蒋四伟5岁的那年，母亲执意卖掉了家里养了三年半的一头黄牛做了盘缠，和父亲、小弟一块坐火车去了甘肃，尽管母亲患有低血压，老是晕车，但来来回回她竟然硬撑下来了，母亲太想我们的大姨了！后来，大姨他们举家迁往姨夫的老家陕西省神木县，年岁一大，精气神大不如以前，彼此间的通信也便少了。想一想现在，母亲的眼睛早就变花了，戴上老花镜在做针线活时，不由自主便说到了我们的大姨，全部都是她的脑偏瘫好了没有，吃喝睡受不受影响什么的，我每每一回老家，就嫌她

① 通过一个反问句，加强了语气，强调了母亲和大姨之间浓烈的姐妹之情。

啰唆唠叨，母亲说："你们是吃水忘了挖井人，忘了你们大姨的压岁钱。"说着听着，我们都哭了，我们也开始想念亲爱的大姨了……①病魔已经纠缠了她老人家五年了，信依然是一年前的那封老信，可是，我们亲爱的大姨你的病好了吗？

然后是我们手忙脚乱地写信询问，寄挂号，往陕西打长途电话，问长问短，问寒问暖，眼泪怎么止也止不住。大姨的声音很弱很弱，她回答我们说病还是老样子，死不了活不成，要我们不要牵挂她，还说做梦梦见的都是项城旧时农村的那情那景，梦见精美的石头开了花朵，离散的家人今晚团圆，种种不幸变成了有幸……我看见我们的眼泪在黄昏里打颤儿，母亲一狠心说："快别哭了，挂了吧。"然后，又是一连几个月的胡思乱想，几个月的牵肠挂肚，然后的然后，不得不重新去拨那一串熟悉得不能再熟悉的电话号码，最后，在最后一个阿拉伯数字键上无力垂下。多少个季节的黄昏里，我们都是在重复着这样一个动作，②因为太思念，我们无法喊出第一个颤颤的"喂"字，无法承受电话那端哪怕是一个小小的痛；因为太思念，我们无法面对衰老、死亡、疾病、丑恶、痛苦挣扎等时刻奴化着自己亲人的这一切。所以更多的时候，我们的手机关机，我们的电话欠费，我们拒绝发信、收信，我们害怕会有一天被一个汉字打趴下。我们在无数黑夜来临之前首先将自己用酒精麻醉，或者站在卡拉OK厅用歌声告诉别人：原来，想你的时候我可以是这个样子。是啊，"真的好想你"，我知道这是一

①直抒胸臆，表达了对大姨的关心，体现对大姨深切的爱。

②直抒胸臆，写出了"我"对生病大姨深切的思念和关切之情。

句谁都可以说出来或者唱出来的话，不过我还是想，"想你"不是一天两天、一年两年的问题，不是距离远和近的问题。只要我们的感情不掺假、不掩饰、不随意、不傲慢，默默地想念一个人，想你一直到我慢慢老去也不是一件不可以的事情。

❶ 化抽象为具体，用生动的语言写出了"我"对亲人的想念。

①我后来迫于生计而北漂，我的相思花同样可以在北漂的苦旅中悄悄绽放，真的，我们到死都忘不了的好大姨。也就是在 2004 年 6 月的一天，我从给母亲的电话中得知，大姨病重，急盼见母亲一面，母亲在电话那边说，大姨他们把往返的路费都寄过来了，大姨的意思再明白不过了。②听了这些，我的两眼一黑，

❷ 从这里的叙述中可以看出，"我"非常难以接受这个事实。

一下子沉默了约莫一分钟，我说："你和我爹一块去吧，我还要打工挣钱一时去不了了，替我们问她老人家一句好吧。"后来慌忙挂了公用电话一路小跑，说心里话，我怕别人看见自己眼窝里的热乎乎的东西。那一天的晚上，我果然梦见了自己变成了一个老人，就像我刚才蓦然生发"我是团结湖公园里的一个老头"的错觉，他们都比我老得多，但是他们心中的那一朵相思花却要比我的还芬芳而年轻，大胆而热烈。他们和歌声里的"你"都有一场回忆，一个无限美丽的故事，只是他们没有说给你听罢了。一如我和我们的大姨，虽然她时刻和死神在较量，虽然我们无法预料她老人家能否活过这个秋天，但是我们时时为她祈求着健康与幸福，渴望一切的一切都一天天美好起来的。

❸ 写出了时光流逝带来的物是人非，语言优美，情感细腻。

③多少刻骨铭心的往事，早已经烟消云散了，多少青丝变成了白发，再相见，千言万语一下子简化成了这

样的一句话，"真的好想你"。倘若换了一般都市男女，那，应该叫"下一秒"，这是一个甜得有些发酸的句子，难得他们把对方爱得如此深沉，也就是说在这个世界上，人固然可以老去，死亡可以一天天逼近，然而思念永远年轻。"你"是谁？你可以是亲人、爱人、情人、心仪的人，可以是新人、旧人甚至敌人，可以一辈子也不曾谋面，可以把心底的这份几十年的想念送给随便一个人。① 但是，他们幸福的时候想着你，痛苦的时候想着你，得意的时候想着你，无助的时候想着你，包括哭泣的时候、一无所有的时候也在想着你。那一时刻，我明白，因为想念你才会把你埋在心底，因为想念你才会把你当成知己，更是因为想念你才会轻轻唱给你听，他们的心情该是多么的甜蜜呵。我远远站在老人们的歌声之外，想象着这个黄昏过后，周冰倩的一支老歌怎样把一个人折磨得痛苦不堪，身心疲惫，茶饭不香，他的那个你好好幸福呀……我无法想象。

　　小鸟的大合唱很快就要被无边的黑夜吞没，团结湖公园的歌声终将会三千发丝一般缓缓飘逝，但我们所有遥望到的，是多少张"黄昏鸟"的复印件在满天飞翔。我时常这样想，我们应该深深感谢黄昏鸟的歌唱，一只只小鸟的音乐声浪，包括歌声里轻轻告诉你的世界上最美最真的一句话。

　　当一个人想念你的那一个时刻，为什么我们不可以像团结湖边的一个老人呢？

　　　　　　　　　　（选自《海口日报》2022 年 11 月 29 日）

① 用排比的修辞手法，写出了"我"内心无比难捱的思念之情，语气强烈。

1. 请简要分析作者以一首歌贯穿全文，有何作用。

_____

_____

2. 在文章的开头部分，作者为何要写黄昏中老人们的歌声？

_____

_____

第三辑

一点最光明

返回以后，我在他的指导下反复发声，练声，知道了啥叫口腔共鸣，啥叫腹腔共鸣。还有一个，叫脑腔共鸣，因为位置不好找，他没有教我。我心里暗暗发笑，八成是他不会，他就会喷。

【2017年北京市西城区8中初二期中】

阅读下文，回答问题。（11分）

十八里的半夜雪路

蒋建伟

①大雪纷飞，看不见四周。只留下一条弯弯曲曲的雪路还在延伸着。

②我戴了顶像雷锋叔叔那样的棉帽子，帽檐下，两片帽帘儿刚好护住耳朵。脚上穿得特别时髦，我们叫它翻毛大头鞋，"吱嘎吱嘎"乱响，鞋底还粘了不少雪，一只起码五斤重，小小的身子在茫茫旷野里一颠一簸地移动。汗冒着热气儿，把里层的衣裳都湿透了，棉袄的外头罩了爹的一件黄布褂子，雪花落在褂子上化了，又迅速冻上了，硬邦邦的，两个胳膊一甩，"啪啪啪啪"的，好像一个小兵马俑在走路。好在，寒冷渗不进身子，满肺腑里都是火热，让人浑身有劲儿，一点也不会感到冷。

③此刻，远的村，近的树，平坦坦的麦田，孤零零的麦秸垛，我看见大雪把全世界都铺上了一层厚厚的棉花被子，万事万物都

在被窝里，"呼呼——呼呼"，睡得好香啊！想到这个比喻，我都有些羡慕它们了。我的胳膊呀腿儿呀，也不是我的了，冻得硬邦邦的，像光秃秃的小杨树，站在土路的两边。嘿，这么冷的天，它们还站在那里，傻得不透气了！可是，它们不站在路边，应该站在哪里呢？

④不知不觉之间，从黄昏的镇中学出发，我已经走过了八个村庄，天完全黑下来了。天是白皑皑的，因下雪了，一直像大白天似的。可现实里，这还是在黑夜啊！人们都睡着了，鸡鸭鹅牛羊马都睡着了，鸟雀们睡着了，一个静寂的世界里，只剩下大雪"噗噗噗噗"声，还有我"吱嘎吱嘎"的走路声，再没有别的什么东西了。

⑤刹那间，静，一把抱住了我，紧紧地，好像一个许多年没有见面却想死了我的亲戚，亲热得不得了，激动得说不出一句囫囵话。可惜，这种静很巨大，很虚空，很冷，天地人神皆空，令我不寒而栗。耳朵有些听不见声音了，我壮着胆子，"啊"了一下，根本没有什么回声，雪下得太大了，雪花把天地之间的空气都填满了。我搂住头，揪了揪帽帘儿，又"啊"了一声，这下子，我听见自己的回声了！虽然很短、很急促，但很真实，不虚空，否则，我就会无声无息地被大雪吞噬了。

⑥脚步慢了，身上的热气一丝一缕被北风抽走，开始还不怎么察觉，等察觉到了，热气早散完了，只留下一身冷冰冰的外壳。我下意识地紧跑十几步，果然，脚心开始出汗，发热，但浑身依旧冷，小胳膊小腿很硬，伸不直，每个动作都显得多余，冷啊，冷得整个牙帮子乱打寒战。从北往南，走到高庄村的时候，我就想，要是碰见一个亲戚多好！是亲戚都亲，会跟我打招呼啦，问候啦，让我好一顿吃吃喝喝啦，哪怕安慰我几句，不管是近门的，还是远房的，都中！

⑦希望越大，失望越大。走过了小蒋庄、大石营村，我连个麻雀也没有碰见。天这么冷，雪这么大，别说是人了，连麻雀都知道鸟窝里暖和，你想想，谁还会在雪地里乱跑呢？

⑧快到小石营村了。远远地，一个黑点正向我迎面移动，近了一点点，是人，好一阵惊喜，啊，终于见到人了。

⑨那是一个背麦秸儿的农民。一条黑头巾绕着他的头，长长的，裹了几个来回，露出两只贼溜溜的眼睛，让人认不出来，看不出年龄，好像故意的。我高兴起来，跑代替了走，特别快乐，不管认不认识，想跑过去跟他打招呼。相反，那人走得缓慢，很迟疑，眼神有些躲躲闪闪。我迎了过去，他迎面走来。隐隐约约之间，我听见一个低沉的声音说："你是，建伟吧。"我很奇怪，他怎么知道我叫建伟，一下慌了神，忙问他："我不认识你。你说说看，我是哪个村的？"他说："蒋寨的。我不光认识你，连你爹我也认识。"没等我再问，他已继续走了，也不多解释，留下我站在原地，满脑子的问号、逗号和省略号。哎呀，这个家伙，也不知道他算老几，干什么的，竟然知道我的大名，嘿，有意思，真有意思。走着走着，再一想，大雪天，他背了一筐麦秸儿干什么？临近年关口上，难道他们家没柴火烧了，没办法过年，他是一个偷麦秸儿的贼？而且关键是，他认识我，别人抓住他的话，那人会不会诬陷我也是小偷？如果那样，会不会……我不敢往下想了。

⑩突然，一种巨大的恐惧感袭来，天，一下子通到地上，就像一口巨大的锅排子——就是奶奶拿秫秸莛子排的那种——直直从头顶罩下来，让你来不及挣扎，就上西天取经去了。恐惧，*丝丝缕缕*地积攒，一层一层压迫，让你喘不过气，无法正常呼吸。心，宛如一架中弹的飞机，努力攀爬上升，却总上不去，在云层里越飞越低，踉踉跄跄，最后，一头坠入谷底。

⑪ 我只有一路小跑，大跑，再小跑大跑。凌乱的脚步声，挤满耳朵。

⑫ 直到我上气不接下气地跑到蒋寨村，跑回家里，一口气喝了两大碗"茶"——也就是白开水，方才缓过神来，大叫一声："哎呀，我的娘啊！"然后，我跟爹、娘和姐姐他们好一番的讲述，也说起了那个贼。

⑬ 听完，我爹神色平淡，司空见惯地说："大石营村的你二姑父家，地少，人多，他也常常去别的村子偷麦秸儿烧。"二姐说："呸呸，二姑父原来是个贼！"我娘说："说不定，那个人是你二姑父哩。"我爹脖子一扭说："你胡说个啥？咱亲戚里咋会出贼？"大姐说："我猜，就是我二姑父。"我爹打岔道："再瞎说，我真拿一根针把你的嘴缝上……"不想，大姐小嘴一噘，故意做了个傻乎乎的动作，惹得我们一阵乱笑。其实，我和姐姐们好像一群小鸡，钻进父母巨大的翅膀下取暖，这才是世上最快乐的事情，谁是那个贼，已经没什么意义。

⑭ 我很佩服我自己，12岁，3个小时，15个村子，小小的年龄，竟然从小镇中学走回家，一口气走了18里。那，可是18里的半夜雪路啊！

⑮ 后来才明白，我们都像天上的一朵朵雪花，即使化了，都还记得回家的路。

（选自《人民日报》2015年10月12日，有删改）

（《读者》2016年第7期转载）

1. 阅读全文，补全情节。（4分）

雪夜初涉，信心满满→＿＿＿＿＿＿＿＿，＿＿＿＿＿＿＿＿＿→＿＿＿＿＿＿＿＿，

＿＿＿＿＿＿＿＿→诉说遭遇，享受亲情

2. 文章第⑨段中说"没等我再问，他已继续走了，也不多解释，留下我站在原地，满脑子的问号、逗号和省略号"。思考这句话中的"问号、逗号和省略号"的内涵，并以此设计一段符合文章情境的人物内心独白。（60—80字）（3分）

＿＿＿＿＿＿＿＿＿＿＿＿＿＿＿＿＿＿＿＿＿＿＿＿＿＿＿＿＿＿＿

＿＿＿＿＿＿＿＿＿＿＿＿＿＿＿＿＿＿＿＿＿＿＿＿＿＿＿＿＿＿＿

＿＿＿＿＿＿＿＿＿＿＿＿＿＿＿＿＿＿＿＿＿＿＿＿＿＿＿＿＿＿＿

＿＿＿＿＿＿＿＿＿＿＿＿＿＿＿＿＿＿＿＿＿＿＿＿＿＿＿＿＿＿＿

3. 文中"我"雪夜独行十八里路的人生经历，给你怎样的启示？（至少谈两点）（4分）

＿＿＿＿＿＿＿＿＿＿＿＿＿＿＿＿＿＿＿＿＿＿＿＿＿＿＿＿＿＿＿

＿＿＿＿＿＿＿＿＿＿＿＿＿＿＿＿＿＿＿＿＿＿＿＿＿＿＿＿＿＿＿

＿＿＿＿＿＿＿＿＿＿＿＿＿＿＿＿＿＿＿＿＿＿＿＿＿＿＿＿＿＿＿

＿＿＿＿＿＿＿＿＿＿＿＿＿＿＿＿＿＿＿＿＿＿＿＿＿＿＿＿＿＿＿

＿＿＿＿＿＿＿＿＿＿＿＿＿＿＿＿＿＿＿＿＿＿＿＿＿＿＿＿＿＿＿

水墨色的麦浪

名师导读 ▷

　　秋季是收获的季节，大地一片金黄，万物都变得成熟稳重，但作者笔下的麦浪是水墨色的。在本文中，作者通过麦浪这条线索，讲述了自己和母亲在庄稼地里收割麦子，收获一片水墨色的麦浪。

　　娘用火柴把天上的一个月亮点着，① 娘说："儿啊，什么时候你把书上的字读得不像字了，心就全都亮了。"

　　我不理娘，因为字是方的，话是圆的，娘就知道一个劲儿地骗人。

　　大地上漂浮着一个小小的村庄，黛蓝黛蓝的，小得像一只正睡觉的黄嘴唇麻雀，捧在手心，叫也叫不醒它。娘扯着我的手准备下地割麦子，我也像黄嘴唇

　　❶ 简短而富有哲理的一句话，不仅点出了主题，而且深藏着极为丰富的内涵，诗的意境，无时不在打动着读者的心。

麻雀一样老睡不醒，跟在娘的屁股后头。小时候的月亮真大啊，靠近了，能听见月亮的呼吸，我用另一只手去抓月亮，第一把，什么都没有抓住，第二三把还是老样子，我后来干脆跳起来去抓。娘嫌我没本事，使劲扯扯我的手，自己却看都不看天上，镰刀一扬，"哗啦"，月亮上的河水就流淌下来了，铺天盖地地流淌下来了，凉凉的，爽爽的，滑滑的，颤颤的，像银子。

① 月光下的庄稼地，开始移动着两个黑点，一大一小，水墨色的麦浪像雾一样散漫开来，天地之间的一缕缕薄荷香躲藏在人的嗓子眼，半是憋，半是咽，却拦也拦不住，拐弯抹角还是溜了。下弦月了，有露水，娘害怕麦黑沾在皮肤上起痒痒儿，就把袖口和裤口扎得严严实实的，娘浑身沾满了麦黑，看上去更黑了。娘弓着腰，搂住一把麦秧儿，"哧"，镰刀随便那么一跳舞，麦秧儿就像我一样，很听话地躺在娘的身后，躺成了一座座大山小山。我累坏了，一屁股坐在麦秧小山上乱喘气，问娘："到底这麦子要割到什么时候？"娘说："傻瓜啊，你说呢？"我说不知道。娘愣怔了一会儿，没有说什么话，只是看看天，看看庄稼地，看看我，渐渐地，眉头皱成了一个疙瘩。我一惊，一骨碌爬起来，拍拍屁股慌乱着问娘："**②**虫，长虫呢？娘，你可别吓我呀！"娘"哈哈哈"地坏笑，忽然笑噎住了，眼泪鼻涕都笑出来了，耷拉了很长很长，热气腾腾的，像红薯粉条，像土豆丝儿，就使劲咽了一口，继续笑。我也笑娘不讲卫生，也笑出了眼泪鼻涕，也咽了三四口，只不过那味儿，咸咸的。

① 运用比喻和拟人的修辞手法，把麦田比作雾，写出了麦田的广袤无垠；同时把麦田的气息拟人化，写出了麦田气息的活跃与飘渺。

② 写到了"我"跟娘之间的趣事，突出母子间感情的深厚。

等笑够了，我和娘一排，开始比赛割麦子，看谁割得快。不一会儿，我心急，抢着手脚往前割，把麦秧儿拦腰割，或者挑距离麦穗不远的地方割，身后，① 是高高低低的麦茬儿，不论怎么看，都好像狗啃骨头似的。可是，再回头看看娘的身后呀，麦茬儿齐刷刷贴着地皮，短，怎么看都像是娘在给庄稼地剃头。我想，过不了一两个小时，庄稼地就会变成月亮地，水墨色的麦浪就会消失，水汪汪的月光就会消失，我和娘也会消失了的……

直到有一天，我在娘点亮的月亮下读书，从字里读出了诗，从诗里读出了千里之外的娘、病痛里劳作的娘，读出了我的乳名，读出了天上的很多个月亮，这时候，我不敢再往下读了。

娘在，老家就在，什么时候想娘了，我想我们就该回老家了。

❶ 通过对比的手法，突出了娘割麦子技术的娴熟。

延伸思考

1. 为什么是水墨色的麦浪？

_____

_____

2. 作者在文章结尾写道："娘在，老家就在"，对此你有什么看法？

_____

_____

有诗的夜晚

名师导读 ▶

全文以夜晚为线，贯穿始终，亲切而又自然地讲述着，自己在童年时不同的夜晚里的感受和所见所闻，字里行间洋溢着生活的喜悦和天真无邪的童心童趣。

麦　黑

水灵灵的月光下，比麦浪更黑的，是沾在人身上的麦黑。

白天的时候，娘就提醒我说，麦黑就是沾在麦秧麦芒表皮的一种粉尘，泛黄泛棕，接近人的皮肤色，但是一沾到人皮肤上，立马就会变黑了。沾了麦黑不能直接拿手抓挠，越抓挠，越痒痒，最好的办法是不管它，回家用水洗掉。可现在，我根本没有把麦黑当作一回事，沾了也不抓挠，而是用另一只手使劲搓，结果还是乱痒痒，[①] 我就问娘，不抓挠怎么还那么痒

① 通过语言描写彰显出母亲对"我"的了解，也增添了文章的趣味性。

78

痒呀？娘问我搓了没有，我"嘿嘿"直笑，娘说我"活该"，就再也不管我，一个劲儿地顺着麦垄往前割去。

爹负责用架子车往麦场上拉麦秧儿，一拉，就拉走了一座小山似的麦秧儿，起码有二分地的麦秧儿，好像一头牛。见我无聊，爹鼓动我帮他从后面推车，说这样可以加快速度，早早把活干完，等干完了活给我烙油馍、煮鸭蛋。我一听，来劲了，手忙脚乱地帮爹的忙，装车、系绳、整边角、插木杈，紧接着，跟在车屁股后面使劲推车。① 庄稼地很暄乎，架子车碾在上面好像踩了一块巨大的海绵，有劲使不上，走得慢极了。我说："爹，压着麦垄往前面碾，那样肯定走得快。"爹反问："你咋那么会'肯定'？到底该怎么走，难道还需要你来教我？"一边说，一边扶着车把左右摆动着，努力使车轮子压在两道麦垄上，正说着，一个车轮子还是深陷入麦垄中间的暄土里，怎么拉都拉不出来。更加倒霉的是，另外一个车轮子也摆脱不了相同的命运，试了十几次，还是不行。怎么办哪？爹搓搓两手，黑着脸，一步一步向大路上走去。我也跟在爹的身后，没有目的地走着，我想今晚最好不拉麦秧儿了，不割麦子了，好好睡一觉，留下明天再干。可我不敢说，我怕爹打我。

我们来到大路上，定定地站了一会儿，还是没有想出来办法。爹从裤兜里摸出了一颗烟，点上，吸着想着。忽然，有人叫爹的小名，我和爹慌忙赶过去，一看，原来是蒋腌臜正拉着满满一车麦秧走来，车后，探出他三儿子的半颗脑袋。我朝车后头喊："蒋开动！"

❶ 把庄稼地比喻成海绵，写出了庄稼地的松软，为下文的车轮陷入麦垄作铺垫。

爹笑了笑，纠正说："小屁孩，不懂规矩，你应该喊蒋开动'叔'，他比你高一辈分哩！"说完，摸出第二颗烟递给蒋腌臜，意思是让他先歇歇。蒋腌臜放下了架子车，赔着笑接过爹的劣质香烟，问爹："是不是遇上麻烦了？"爹说："拉得太多了，加上露水湿了地皮，需要人搭把手！"①蒋腌臜慌忙向我们家的麦地里跑，爹拦住他，慢腾腾地说："先吸颗烟解解乏，不急不急。"说不急，我发现爹捏烟的那只手一颤一颤的，爹哪里不急呀？爹比谁都着急啊。

一架车麦秧儿终于拉出了庄稼地，摆在了地头的大路上，一比较，果然比蒋腌臜家的麦秧子大了一圈。蒋腌臜一惊，问爹："你怎么装这么多麦秧儿？"爹干笑着说："我们家缺少男劳力，不多装点咋办？"蒋腌臜说："那你也别太贪心啊，三顿饭哪能当一顿饭吃？"爹说："咦，俺叔，你是站着说话不腰疼呀，我能和你们家比？你们上有哼哈二将（指父母二老），下有五虎上将（指五个儿子），你多有福啊！"一席话，说得蒋腌臜再不接话，只是"嘿嘿嘿"地笑笑，独自臭美去了。

②往返的路上，我仔细数了数，一共有五六十辆架子车，也就是说，家家户户都在夜晚抢收着麦子，和白天一样紧张忙碌着，他们要干到什么时候才能睡觉？

我便小声问爹："我们啥时候睡觉？"

爹嫌我不下劲儿，说："再拉两趟吧。"

我心里满是委屈，因为，我确实很下劲儿，一点儿也没有偷懒，爹怎么能说我干活不下劲儿呢？

❶ 蒋腌臜慌忙往麦田里跑，体现了他乐于助人的性格特点。

❷ 细节描写，说明干农活是非常辛的，突出收割麦子的不容易。

说是再拉两趟，其实是三趟，爹说："地里的麦秧儿今晚上全都拉完了，要不，还得拉明天一白天，你说划算不划算？"我知道，①爹的最后一句话是在问我，可是我早已经累成了一根面条，软软的，像阿斗一样，扶都扶不起来了。

我们和许多拉麦秧的人一样，干脆都睡在麦场上，爹拢了两堆麦秧儿，扔给我和娘一张被子，让我们睡在其中的一堆麦秧上，他自己呢，也留了一张被子，管也不管我们娘俩，倒头就打起了呼噜。于是，我也不管什么麦黑痒不痒了，一屈身，软软地躺上去，剩下的事情，就再也不知道了。

后半夜，我被一泡尿憋醒了，跑到麦茬地里尿了个精光，可是等回来再睡时，怎么睡都睡不着，隐隐约约里，从河西王窑村的方向传来了放电影的声音，②一阵清楚，一阵不清楚，一阵忽然又什么声音都没有了。我支棱起耳朵，使劲去听，才记住电影里的一句台词："同志们，冲啊——"

这到底是哪一部电影呢？

野月亮

③乡村的野月亮没有爹，大风一刮就刮跑了，小嘴一吹就吹跑了，或者是拳头一扬，就吓跑了。但是，还没有走出几步呢，回头看看，野月亮却没有跑远，就这么不远不近地跟着我。

野月亮就像野孩子似的，寒冬腊月天呀，我穿着

① 运用比喻的修辞手法，把劳累之后的身体比作一根软软的面条，再次说明了拉麦秧是非常辛苦的。

② 细节描写，侧面反映出此时"我"半睡半醒的状态。

③ 把月亮拟人化，赋予其人的动作和情感，写出了月亮的变幻无常。

棉袄棉裤在村巷里走，他却光着屁股，不怕冻，撵着我，好可怜啊！

我跑回家去，跟娘说，把我的棉袄借给他穿穿吧？你看他冻得浑身都起鸡皮疙瘩了！

娘说，不给。

我又说，把我小裤衩借给他吧？

娘反问，借给他了，你穿啥？碍你啥事？你又不是他爹？

我想想也是，我7岁，野月亮顶多6岁，充其量也只能喊我喊"哥"，不能当他爹。可转念一想，万一他也姓"蒋"，我比他高一辈分，那他就要叫我一声"叔"，和喊"爹"差不多，也不赖。这样想着，"扑哧"一下就笑了，娘问我为什么笑，我把这个念头死死憋在肚子里不说，埋头就往外头跑，贼快，娘在我屁股后头喊，你你你，还没有吃饭呀！我依旧在跑，一直跑到一条皮带似的大路上，我才背靠着路边的老桐树上，① "呼哧呼哧"乱喘气，末了半眯着眼睛望望野月亮问，阿乖，小乖乖呀，快快快，喊我"叔"——

自语了半天，没人理我，我气坏了，朝着野月亮吐了一口唾沫，没有几秒钟，那些唾沫星儿又陆陆续续落回我脸上，有一点点凉，一点点臭。我不再吐了，弯腰捡起一枚砖头子儿，使劲朝东边的他远远投去。投出去之后，我的一只胳膊因为使劲太大而酸痛，② 我摸摸那胳膊气呼呼地想，小子呀，你不是挺坚强嘛，这回，看你怕不怕疼？我就不信，投中你了你不疼？

奇怪，还是没动静！我嫌不解恨，接连投了几砖

① 用拟声词"呼哧呼哧"写出了"我"气喘吁吁的状态，也让文章的语言更加活泼生动。

② 这一段的心理描写，写出了"我"童真可爱的一面，和月亮对话的"我"，也是很多人童年时代的写照。

头子儿，好像岳飞遇见秦桧似的，动作夸张，一次比一次狠。

突然，大路的尽头隐隐约约传来"啊"的一声。

我心里"咯噔"一下，慌忙往村里跑，身后，那人的速度比我更快，三步两步，就撵上了我，然后，二话不说，劈头就给了我一耳光。

①"你是谁家的野孩子？你爹的小名叫个啥？"月光下，我看清面前有两个大人，一个手捂着脑袋在厉声质问，一个拉着一架车麦子准备去邻村打面，一胖一瘦，都是中等个儿。

"你看看我头上的血流得有多少？你的'枪法'还挺准哩！"他继续说。

另一个放下架子车，揪住我的耳朵问："快说，你爹到底叫啥名字？"

②我拼命挣脱了他的手，强忍着疼，没有哭，什么话也没有说，小脑袋木木的，虎视着他们，拼命背下了两张驴脸。盘问了老半天，也没有个答案，他们终于放过了我，忿忿地走远了。

等完全看不见他们的人影了，我才恶狠狠吐了几下唾沫，骂道："你们才是野孩子呢！"

我望望野月亮，不放心地又问："你说说，他们俩像不像野孩子？也和你一样？"

问完，像个英雄一样，雄赳赳地进村了。

① 这两个疑问句，将野月亮和作为野孩子的"我"联系了起来，此时"我"仿佛就是那个野月亮。

② 动作描写和神态描写，写出了"我"倔强的一面。

打面坊里的爱情

男的看看月亮，女的看看月亮，再相互那么一笑，男的女的就看对眼了。

记不清是什么时候了，唯一记住的，是蚂蚱家的大女儿跟外村来打面的瘦子"跑了"。"跑了"就是"私奔了"，意思是蒋蚂蚱不同意，大女儿下决心跟定了瘦子，你想想呀，她不跑谁跑？① 蚂蚱家的大女儿长得那么打眼，白净脸，细高挑儿，扎了两根齐腰长的大辫子。瘦子长得贼精贼精的，除了小嘴能说会道之外，什么鳖本事也没有。更气人的是，这家伙还打过我一耳光，我到现在也没有想明白，她看上他哪一点了？

跑了也就跑了。可关键是，两个人满世界浪荡了一圈，又回来了，而且是瘦子做了我们村里的上门女婿。

② 原本，瘦子家在商水，人多地少，一口划七八分地，穷得乱糟气。但是过了一道沟，就不一样了，我们村属于项城，一口人划一亩五分地，一年四季，粮食根本吃不完。瘦子不仅会打自己的小算盘，还特别会在蒋蚂蚱他们面前装孙子，给人的印象是"一张笑脸一颗烟，抱着葫芦想半天"，话也变得越来越少了，多半在鼓励别人说给他听，整天乐乐呵呵，像一个傻瓜似的。

有人问他："瘦子，当初你来蒋寨打面是哪一年呐？"

瘦子说："大前年。"

"记不记得咱们村的打面坊啥时候盖的？"

① 外貌描写，说明姑娘长得非常出众。

② 作者运用对比的手法写出了瘦子家乡的贫困，让后文瘦子做"上门女婿"的情节变得合理。

"大前年。"

"你们哪一年跑的呀？"

"大前年。"

"怎么都是大前年？你有没有记错？上回，好像不是这么回答的呀？"

"对呀，就是大前年啊。"

"真是大前年吗？"

"是大前年。"

① 问的遍数多了，两个人在打面坊里的爱情便传遍了全村，每一节枝蔓、每一个动作谁都知道了。当然，只有一个人不知道。

演变到后来，也没有谁再叫瘦子的名字了，而是直接叫他"大前年"，就像一个人的外号一样。这三个字，很暧昧，有一点点"黄"，一开始，蚂蚱的大女儿接受不了，谁叫骂谁，没有人敢当着她的面叫。倒是瘦子 ② 大大咧咧的，谁都不想得罪，想咋叫咋叫，甚至有放纵的意思，照单全收。所以，大人叫，小孩也随着大人叫，背地里，瘦子一点也不恼，依旧乐呵呵的。可是他怎么笑，我总认为他的笑是硬挤出来的，装孙子装出来的，根本就不实在，玩的净是虚的，要不，怎么能勾引上蒋蚂蚱的大女儿呀？

我还记着他的三年前的那一耳光。

③ 下罢秋了，黄豆绿豆什么的全都成熟了，大人小孩宛如棋子似的散落在大平原上，忙着丰收。我回家抓了几把大姐刚刚炒好的焦豆子，装进裤兜里，出门分给了一帮小家伙，我对他们说，这焦豆子你们不

❶ 细节描写，突出当地村民之间交流的频繁。

❷ 形容不拘礼节，随随便便，满不在意。

❸ 用比喻的修辞手法，把大人和小孩比作散落在大平原上的棋子，能够看出在丰收时节，无论是大人还是小孩都是非常忙碌的。

能白吃！你们得听我的！他们边吃边像小鸡啄米似的乱点头，那副馋样儿，像极了我的狗腿子。

我们来到瘦子他们干活的田间地头，鼓起肚皮，反弓着腰，齐声喊："大前年——打面坊——""大前年——打面坊——"浪笑坏笑着，得意忘形着，连嗓子都喊哑了，还继续喊。

①田里的人都停下了手中的活儿，愣住了，他们都不知道怎么回事呢。

❶ 神态描写，"愣住"说明了人们对此非常震惊。

蒋蚂蚱的大女儿第一个反应过来，抓了一只破鞋就朝我们追过来，但是，她哪里能追得上？

奔跑中，我在心里一阵阵笑，大笑狂笑傻笑，我终于报了仇。我想，在追赶我们的敌人当中，一定会有瘦子，一定有他。

那个年关，瘦子当起了鱼贩子，发了，找回了男子汉的自信。等年过完了，瘦子依旧干着贩鱼的生意，全家人都给他当帮手，他干脆把家搬到了蒋桥集上，那日子，不知道比种地要强上多少倍。

再后来，瘦子又把家搬到了我们都说不上来的大地方，瘦子他们家彻底从小村的版图上蒸发掉了。

❷ 总结全文，给人无限遐想。

②月亮还是那个月亮，只是，当年看月亮的两个人都不见了。

不见了就是没有了，什么都没有了。

麦芤子

❸ 简短的话语独立成段，结构新颖，对话内容一目了然。

③"你家里有几个麦芤子呀？"

"两个。"

"都是今年新打的麦子吗？"

"有一个是去年的，里面都是陈麦子。"

"你知道蒋抗洪家有几个麦茓子吗？"

"几个？"

"四个。"

"乖乖唻，一家伙四个麦茓子啊！"

"可不是嘛，他们家人多，一天八九张嘴，一顿就得蒸满满一大锅杂面馍，就那，还照样有人喊饿，你说笑人不笑人？"

"嘿嘿，就是哩，还是抗洪的爹蒋腌臜有本事，一生，就是儿子。"

"有本事个屁，儿子从小调皮捣蛋，长大了就不一定是谁家儿子了。"

"咋回事？"

"跟他老丈人亲呗。你说说，养儿子是不是给狗养的？"

"连狗都不如。狗长大了会看门，见了你会摇尾巴，但儿子长大了可不得了了，会打他爹！"

"咋回事？咋回事？"

"哼，咋回事？！是那个老大，你不知道吗？老大是年前结的婚，一结婚就分家分地，如果搁在过去，他爹早就把他吊到梁头上打了，但现在一有了自己的老婆撑腰，儿子就不是儿子了！"

"那他还能反了天了？"

① "跟反天差不多。今年夏天，因为分地没分均，

① 列举了蒋腌臜父子间的冲突，侧面体现土地对农民的重要性。

儿子和老子打起来了，谁劝也不中，拉都拉不住。结果，哼……"

"结果咋回事？"

"蒋腌臜肯定打不过他大儿子，一气，在床上睡了两天两夜。"

"呀！竟然睡了两天两夜。他，咋那么大的'觉瘾'呀？"

"其实，他横睡竖睡都睡不着，到末了了还没有想明白，自己一把屎一把尿拉扯大的儿子，最后竟然变成了他爹！一个用硬邦邦的拳头来报恩的爹！"

"这事后来咋解决的？"

① "让出去了一个麦芺子。上回在蒋桥集上碰见那个老家伙了，一见我，啥话没有，光哭，不能提儿子的名儿，你说亏不亏？"

❶ 这个结果让人不免心疼文中的父亲，体现出农民生活的艰辛。

"那他咋还让出去一个麦芺子？不是傻子吗？"

"因为毕竟，他是他爹呀！"

"再怎么着，也没有这样当爹的啊？"

"这才是一个儿子，你等着看吧，以后，有他受的。"

"咳。"

"咳。"

"我看哪，干脆，将来生闺女划算，长大后不跟你抢麦芺子。"

"咦，闺女比儿子更赖！那个赖得呀……"

"咋了？"

"赖得没法说。比跟你抢麦芺子还要赖，下手还要快、狠。"

"那，咋办啊？总不至于一辈子不要孩子，或者打光棍吧？"

"哈哈哈哈。"

"哈哈哈哈。"

① "月亮快落了，回家吧。"

"回家吧。"

"咳。"

"咳。"

（选自《读者·乡土人文版》2010 年第 5 期）

① 结尾通过月亮来点明时间，与文章标题形成照应。

延伸思考

1. "麦黑"中主要描写的是什么？

_____

_____

2. 请简要分析"麦芒子"一节的语言特色。

_____

_____

蒋赖货

名师导读▶

　　本文侧重描述作者儿时身边熟悉的同村小人物——蒋赖货。作者选取人物的几个经典生活片段，让读者在娓娓道来的故事中了解人物的性格，勾勒出蒋赖货的成长历程。作者文笔平实，但行文中不失生活的思考，在读者阅读的过程中人物形象变得立体鲜活。

❶ 开门见山，引出本文描写对象。

　　①大年初五，蒋赖货头一回见他舅的时候还不记事，连名字都没有，光知道哭，一哭，小孩子就激动，尿就顺着他舅的中山裤淌下去了。

　　他舅是个老实人，也不敢骂，抱着小孩遮住裤子上的"地图"继续晃呀晃，没想到，又把小外甥的屎晃出来了，这才慌忙把小孩传给他娘说："你看，你看，这货咋那么赖哩？"他爹会打圆场，说小孩："肥水不流外人田呐，这孩子真知道跟他舅亲！赖货赖货，这名字好！还是恁舅会起名！"他爷爷就坡下驴说："蒋赖货,还不赶紧谢谢恁舅?"没想到,蒋赖货还不解恨,接连放了两个小屁,一下子把大人们都逗笑了。他舅一边走人一边说:"屁啊人长,屁响人长啊!"

望着那个慌得连大年饭都不吃的赖货他舅,大人们一脸的遗憾,都数落正吃奶的蒋赖货道:"噫,你看看你,两个屁,就把恁舅给崩跑了!"

屁一响,人就长,一点都不假。一眨眼,蒋赖货就变成了我小学三年级的前后桌,除了个子长得傻高,其他啥也不会,门门功课得"大鸭蛋",老师怎么教都不中。快放麦忙假的时候,蒋赖货想抄我的数学作业给他爹看,可是,<u>①他的字都像麻虾腿一样,一个一个都在作业本子上爬</u>,我笑他说:"你看你写的字,是不是都想爬着去找恁爹?"蒋赖货瞪了我一下,拿胳臂肘子捣捣我,意思是让我替他抄,赶紧抄。我知道他这时候巴结我,换了别人,早就脑门上落满"大红枣"了。我知道他爹不识字,每页作业纸只要写满字就中,好糊弄,就把"18 + 23 = 41"连续抄了七八十遍,末了还把 41 抄成了 21,由于字写得密密麻麻,连赖货都糊弄过去了。事成后,蒋赖货奖了我一把炒咸焦豆,一吃"嘣嘣"叫,真不赖!有了第一次,以后我就抄开头了,这一抄,一直抄到小学五年级毕业。别人问将赖货,凭啥让班长替你抄作业,蒋赖货大眼一瞪说:"他替我抄作业!该!"

小学升初中,那时候要考,考不上了,回家打牛腿,修理地球。<u>②蒋赖货连考都没有考</u>,趁考试的空儿,赶了一上午的范集集,下午就跑回家跟他爹说头

❶ 作者用比喻的修辞手法,把蒋赖货的字比作麻虾腿,形象生动地写出了字的潦草。

❷ 从这个细节中,能够看到蒋赖货这个名字简直是完全贴合本人的性格。

疼。他爹没有搭他熊腔儿，继续往玉米地用架车拉粪，他就在后面放屁虫似的跟着，傻子一样扛着铁锨。认识不认识的，都会问："吆嗬，大学生下地干活了！""考的咋样儿？是北大呀？还是清华呀？""人家建伟咋还没有回来啊？"蒋赖货小脑袋一歪说："去去去！"声音低得不能再低。别人就明白了，就开始笑，一直笑到蒋赖货越走越远才合上嘴巴。返回时，他爹发话了："小赖货，你小子天生就是个打牛腿的命！去，这一趟你拉！咱爷俩轮流拉粪！"蒋赖货小声嘟囔说："我自己拉不动！"他爹说："拉不动也得拉！"蒋赖货问："因为啥？"他爹脖子一拗筋儿，回答道："你该！"等到我们天黑回家时，蒋赖货早累得爬不动了，但他爹还一个劲儿地指挥他干这干那，让他忙得连放屁的时间都没有。<u>①最后，蒋赖货气得好像一只癞蛤蟆，饭也不吃了，跑到村街中央，破口大骂。"</u>

我肯定考上了，肯定背着书包越考越远了，而且，一走就是多少年。

等有一年学校放暑假的时候，我回到了老家蒋寨村，读书闲逛，后来就想蒋赖货了，打算找他玩。娘说：<u>②"你可别找他！他娶老婆了，穷得乱躁气，有两个小孩了！还打他爹！"弟弟补充说："他可赖了！混蛋得很！连他舅也一块打着哩，活生生疯狗一个，见谁咬谁！"</u>我说："为什么呀，蒋赖货他看起来不像那样的人啊。"娘说："等你会'看'了，这个世界早就乱得跟'鳖反池塘'似的了！"弟弟拉过来一把小凳子，说蒋赖货打他爹发生在上个月，本来和他爹分锅了，各种各

❶ 作者用比喻的修辞手法，把生气的蒋赖货比作癞蛤蟆，形象生动地写出了他生气时候气鼓鼓的状态。

❷ 通过娘和弟弟的语言描写，展现蒋赖货的秉性，也吸引了读者的阅读兴趣。

的地，一家有七八亩地，可收麦一忙谁也顾不上谁了，这些本来可以理解的。说实话，今年雨水也勤，活像"神经蛋"似的，三天两头的下雷阵雨。大伙都一边观望天气一边割麦子，谁不怕把一季的收成都耽误在雨肚子里了？当时他爹收完了正在碾场，蒋赖货小两口正在撅着屁股割麦子，噫，也巧了，雨就"哗哗哗哗"下起来了，他爹就开始收场盖垛顶，蒋赖货他们就开始拉麦秧子，两家一开始本不会有什么事的。

我问弟弟后来为什么打他爹呢？娘插嘴说，怨雨下的时间太长了。① 弟弟纠正说怨赖货老婆，那媳子刀子嘴，嘟囔他爹不是爹，下这么大的雨，也不知道帮他亲生儿子一把，成心看他蒋赖货的笑话！心里毒得很！蒋赖货呢，二虎蛋，麦秸火脾气，一宠就上，掂着木杈子就跑到对方的场面子上，气呼呼地和他爹理论。他爹才不是省油的灯哩，你想啊，自己的活还没有干完呢还会顾别人？啥？亲儿子不是别人！这种② 火烧眉毛的时刻，儿子也是别人！赖货问他爹能不能先把场面子里的活停停，到他地里帮帮手？他爹反问儿子自己没有长眼啊？我们家的活还没有人帮忙呢！赖货认认真真地说我可是你们的亲儿子啊！他爹哈哈一笑，说今天你就是我亲爹都不中！蒋赖货越想越窝囊，越想越生气，半天没言语，等到自己的心开始凉了，又问："那你叫我一声爹试试？"他爹想都没有想，就冲蒋赖货喊："爹——"这一声，许多人都听到了，有人还心想今儿这爷俩乱啥呢。③ 蒋赖货的心彻底凉透了，脸猪肝一样黑，抓起木杈子就朝他爹头

❶ 这里回收伏笔，写出了蒋赖货打他爹的原因。

❷ 比喻形势非常急迫。

❸ 详细描写了蒋赖货对他父亲动手的场景，诙谐的外衣下藏着深刻的悲哀。

上拍，他爹闪了一下，说你个七孙家儿你想干啥？蒋赖货说打的就是你这个七孙家儿！他爹说反了天了你，蒋赖货说我今天就是反了天了，打死你这个七孙家儿，他爹脸上的笑凝固住了，反手操起一把木锨迎了上去。谁不知道木锨打不过木杈子啊，他爹是找着挨打，挨了一顿结结实实的打。反过来说，谁又会想到儿子要打老子呢？

雨过天晴了，他舅来蒋寨管闲事来了，一进院子，劈头就问蒋赖货到底打他爹干啥，说一百圈子他爹也没有错啊。蒋赖货说他个七孙家儿有错，没有给他儿子割麦子。他舅说小赖货你到底讲不讲理，下雨天谁家不收麦子啊？恁爹那七八亩地你管啊？赖货说我就是不讲理，他就该帮我割麦子！他生我这个儿子干什么？他舅说，谁该给谁干啊！没有什么谁"该"，谁上辈子也不欠谁，这辈子也不欠谁！永远不欠！赖货仍旧一个劲儿地说，他就该！活该！他舅就抬脚脱下一只破鞋，假装要教训教训自己的亲外甥，①蒋赖货才不吃他那一套呢，迎面就给了他舅一拳头，老人惨白着脸，一屁股蹲坐在地上，半天没有起来，最后一瘸一瘸地摇摇头走了。再一赶集，许多人都瞅瞅蒋赖货的脊梁骨说，蒋赖货可不是原来的蒋赖货了，他不讲理，噫，还打他爹和他舅！我问弟弟，蒋赖货有多高？弟弟说，长的比你高一头，除了个子高，啥都不中。

我心里一时乱得慌，想上街走走，没有什么目的，一个人。结果，就遇见了蒋赖货他爹，他爹一见我，问候我："大学生什么时候回家的呀？"我说已经在家

❶ 蒋赖货打了他的爹，又打了他的舅，体现了他的冲动、蛮横无理。

里待了好几天了。我问他爹："身子骨还行吧？"他爹苦笑一下，说："黄土都快埋住脖子了，就像蒋赖货说我的那样'秋后的蚂蚱，蹦不了几天了'。"我说："那哪会呢？"后来又怕他太伤感，慌忙想转移话题，又问赖货……他们过得还好吧……① 他爹猛地截住了我的问话，脸气得酱紫，好半天了，才吐出来一口唾沫说："别提他个七孙家儿了！"然后，头也不回地走远了。

都一二十年了，每每闲聊，我都会向一些朋友说起蒋赖货，但赖货这个货，他们都不认识，我总会一阵比画说："你不知道，这个七孙家儿啊……"

❶ 一提到蒋赖货，他爹的脸色就开始变化，"气得发紫"表现出他爹恨铁不成钢的心情。

延伸思考

1. 请分析蒋赖货这个人物的性格特征。

_____

_____

2. 文章结尾表达了作者什么样的思想感情？

_____

_____

一点最光明

名师导读

　　开篇即点题——回忆恩师。"我"的这位老师风趣幽默、乐观开朗，除此之外，他还特别有教学方法，擅于激发学生的学习热情。文中，老师教"我"学习唱歌这件事非常有意思，表达了作家对老师的怀念和感恩之情。全文用语诙谐幽默，细节描写入微，还原了小时候的课堂氛围，一桩桩往事仿若发生在昨天。

　　老师的话，好像灯花儿，一点最光明。

　　我有一位爱喷的小学老师，喷就是吹牛、神侃、胡八连的意思，他三样全占，动不动就瞪你，两眼比斑鸠眼还吓人，50多岁，外号叫"傻斑"。可爹跟我说，他大名叫蒋德让，历史课教得不赖。

　　我那时的想法是历史课不是主科，是副科，学得再好有什么用？① 在我们那样偏僻的乡村，也就三四个老师，一头牛顶三头，当老师的，仅仅会教历史课

① 表明作者上学的那个乡村地理位置非常偏僻，老师也是非常稀缺的，经常是一个老师带多个科目。

怎么行?

没办法,他自学了自然就教自然,自学了思想品德就教思想品德,自学了音乐就教音乐,包括体育、美术什么的,他什么都教我们。因为,他特别爱喷,爱吹胡子瞪眼,爱吼嗓子,①他的每节课都非常重要,我们都怕他,都害怕下一节课被他拎小鸡一样拎到讲台上,一个个提前把他留的作业预习完,第一次月考,我们班的副科成绩反倒超过了主科!这样,语文老师和数学老师意见大了,说主科毕竟是主科,学生的主科成绩上不去,那是要影响他们考乡里初中的。言下之意,让他把我们的注意力转向语文、数学上来。

他不知道该怎么引导我们才好,所教的某门课半节课或者十分钟就讲完了,讲完了,后面的时间怎么办?他又开始讲下一门课、下下一门课,有的时候,②他一节课能讲思想品德、美术、音乐三门课。之所以把音乐放到最后一个时段,是害怕我们上课走神,不好好听讲,唱唱歌唱唱戏能提神。其实,是他自己走神得厉害,想把课上的节奏快一点,潦草一点,让我们的副科和主科成绩差距小一点,哪怕落后一点点,也好啊。可是,我们学得太认真了,一个半月就把一学期的副科全部学完了,我们一个个看这个笑话,这,也是摆在他面前的一道难题。

什么课都教完后的第一节课,是上午第三节课,音乐课。

他先是叫我们唱《义勇军进行曲》,唱《国际歌》,我们学烦了,有一声没一声地"哼哼唧唧"着,谁听

❶ 从侧面看出他是一位教学有方的老师,在他的带领下,学生们的成绩得到了提高。

❷ 作者在这里解释了这位老师课上得好的原因,他能够根据学生的兴趣和专注力来设计课堂。

见，谁都会感觉没意思。想必他也感觉到了，就提议叫我们唱豫剧《南阳关》，"西门外放罢了三声炮，伍云昭我上了马鞍桥哪嗬嗨"，我们小脑袋一激灵，立马来了精神，特别是唱"哪嗬嗨"，唱戏声仿佛把教室的屋顶都钻透似的。紧接着，教我们曲剧《卷席筒》，唱"小苍娃我离了登封小县，一路上我受尽了饥饿熬煎"，① 等齐唱"哎呀呀——呀啊呀"时，我们故意增加了几分哭腔，包括抽噎声、跺脚声、擤鼻涕的声音，好像家里某个长辈突然间死了，蒋长伟还故意喊了一声"哏"，逗得我们哈哈大笑。过了一会，教室门外有人狠狠在敲门，一看，是隔壁班的四年级语文老师，轻轻说"你们声音太大了"，然后扭头离去。

① 作者列举出了学生唱戏时加其他音的事例，写出了和谐的师生关系。

他尴尬万千，两眼木了一会儿，呼啦呼啦脸说："同学们，继续上课。我们复习思想品德第十一课……"

不知不觉，这些都讲完了。时间还剩下一点空余，教室外突然下大雪了，他一脸正色道：② "问同学们一个问题，谁回答得最好，我下一节课，让他当大家的老师！"

② 这位老师非常擅长激发学生的自主探索和求知欲，调动学生的课堂积极性。

"真的假的？"我们一万个怀疑。

"谁哄谁是狗！"他满不在乎，掐着腰儿，半伸着一颗脑袋，像是在启发鼓励我们，又有点不太像，一只硬邦邦的大手在空气中恶狠狠挥了一下，咽了口唾沫说，"都说说，公元，2000 年，我们的生活应该是什么样？会发生巨大的变化吗？"他故意在"巨大的"三个字上加重了口气。

"用电不要钱，吃饭不要钱，不缴公粮了……"蒋建中急匆匆回答着。

他毫不客气地打断对方："那是共产主义社会，没那么快实现。现在哩，是社会主义初级阶段。下一个谁？"

① "公元 2000 年的时候，我家有小汽车了，住上三层小洋楼，狗会说河南话了，骡子怀孕了，鸡像大雁似的飞上天空，猪马牛羊全都游进了大海里⋯⋯"蒋红霞无限憧憬道。

我们一阵乱笑。

"是大坑里。"蒋卫东慌忙纠正。

他显然很不屑，说："大海跟大坑，都差不多吧？我看，游到哪都可以。还有谁回答没有？"其实老师和我们一样，都没有见过真正的大海，只看见过村里的大坑，夕阳下波光粼粼的大坑。

蒋长伟站起来回答道："我希望 2000 年的开春，能像我爸爸一样到南阳出差。"蒋长伟他爹是一个农民，大字皮不认识一个，农闲，时常到城里卖毛笔，卖毛笔怎么变成了"出差"？那么，我们到县城卖红薯干，算不算"出差"？还非要到南阳"出差"？他还做梦去北京呢⋯⋯我们顿时笑岔了气。

他使劲敲敲黑板说："不准笑！不准笑！'出差'这个词用得不赖，不过，没有说到点子上。"噢，问了半天，原来连他也不知道，2000 年到底长得啥样子呀。

我说："我 2000 年想成为歌唱家，像董文华那样。"

班上，没有一个同学笑话我。

他问："好。建伟，你会唱董文华的歌吗？"

❶ 语言诙谐，体现出孩子的天真。

99

董文华的《十五的月亮》正流行呢，我一喜，其中的两句歌词脱口而出："十五的月亮，照在家乡照在边关……"自我感觉调子对，节奏也对，歌声里除了十分的熟练之外，还有几分得意。① 在全校没有几个人知道董文华之前，我模仿老师的自学副科的精神，跟着家里的那台半导体收音机，一字一句地学会了《十五的月亮》，在偌大的教室里，我仿佛变成了董文华，站在了辉煌灿烂的大舞台，收获了数不清的鲜花、掌声和赞美声。

① 细节描写，能够看出"我"对唱歌非常有兴趣，主动性和积极性都很高。

现实中的一阵掌声，惊醒了我的梦。

他严肃着对我说："你是怎么学会这首歌的？"

我说："跟着收音机。"

他说："你唱得不赖。只不过不专业，如果学学，还可以唱得更好。"

他扭过脸，对全班同学说，"蒋建伟同学回答得最好。"又对我说，② "你吃过晌午饭后，来我家一趟，我教教你。"

② 简洁的一句话却能够凸显老师的认真和热心，这样的描写让人物形象更加丰满。

我使劲点了点头。

他家在村子中间，我家在村东头。吃完了晌午饭，爹领着我这个小学生急急忙忙朝村子中间赶，目的是看看我到底是不是这块料，也多向他学几招，争取早一天跳出农门。③ 还没有拐进他家的小胡同呢，老远就听见一阵阵爽朗的开怀大笑声，很快，我从众多的声音里分辨出哪是他的，哪是乡亲们的。

③ 通过"一阵阵爽朗的开怀笑声"表现出老师乐观的心态和爽朗的性格特征。

我们推门而入，笑声戛然而止，他见是爹和我，一愣。

爹满脸诚恳地问他："这孩子，到底中不中呀？"

他说："中。"

爹犹犹豫豫问他："哪一点中？"

他说："唱的跟收音机里差不多，节奏还不乱。"

爹干脆打破砂锅问到底："还有没有其他的本事？"

他一瞪斑鸠眼，跟爹说："你你你，咋那么多问题？"又指指我，喊："你，过来！"

我① 小心翼翼地走进堂屋中央，在他跟前站定，连大气都不敢出一口。他蹲下身子，观察了我好一阵子，再观察了我的口腔，让我使劲唱出了十几个"啊"，二十几个"咦"，一句评价的话也没有，转身，喝了几口白开水。再次蹲下，手贴着我的肚皮，命令道："唱'啊'，一直唱。"

我的肚皮一凉，坏了，他的大手怎么是凉的呢？恰恰，我圆鼓鼓的肚子里灌满了汤汤水水，有一小碗红薯茶，有一个杂面馍几口辣疙瘩菜，还有半碗汤面条，走了这么长一段的路，消化了小半，糊里糊涂之间，竟然有那么一点点的小感觉……唉，怎么会？怎么会？真是太丢人了。

他指导我如何呼气、吸气、用气，问我晌午饭吃得饱不饱，我只有一个劲儿地点头的份儿，生怕在说哪个字上面一使劲，就憋不住了。② 渐渐地，他有些不高兴起来，问："建伟，你是不是晌午饭没有吃饱？"

我实在憋不住了，说："我想，我想……"手胡乱指了指厕所的方向。

笑声沸腾，像一锅四处开花的汤面条。

① 本是严肃虔诚之意，现在形容十分谨慎，丝毫不敢疏忽。

② 语言描写十分有趣，把文章的氛围调节得非常轻松，也让读者忍俊不禁。

他皱了皱眉头，停顿了一下脸上的虔诚感，半天，赶蚊子似的朝我挥挥手。我提着棉裤儿，撒开两腿，急慌慌朝厕所跑过去。

返回以后，我在他的指导下反复发声，练声，知道了啥叫口腔共鸣，啥叫腹腔共鸣。还有一个，叫脑腔共鸣，因为位置不好找，他没有教我。我心里暗暗发笑，八成是他不会，他就会喷。临走的时候，爹握住他的手说："德让哥，你今天帮建伟找这个共鸣点真准，一按肚皮，他的尿就出来了！"

一时，满屋子回荡起乡亲们沸腾的笑声，连他自己也笑了。

很可惜，直到他去世多少年了，我也没有成为一名歌星，怪可惜的。

（选自《中国财经报》2020 年 6 月 23 日）

延伸思考

1. 读完本文后，你对这位老师有了怎样的印象？请结合文章说一说。

_____

_____

2. "我"在小时候有着什么样的梦想？

_____

_____

葫芦的一生

名师导读

　　葫芦是大众视野里的一道美食。葫芦的做法有很多，可以凉拌，可以下菜，无论哪一种做法，都可以品尝到葫芦的清爽。本文以细腻生动的语言将葫芦的一生展现给读者，通过葫芦的一生，探索人生命中的哲理，引人深思。

　　植物们的事情，好像都是小事情。

　　说说葫芦吧，①它是绿色藤蔓类的攀爬高手。从暮春到深秋，它长长地伸展着无数根胳膊和手，于瓜架，于墙头，于犄角旮旯，使出了浑身解数去扩大自己的地盘。它身上最厉害的：一是弹簧似的葫芦须，如小手，长一尺，抓三下；一是多杈的葫芦芽头，不怕掐，越掐越多。倘若生长到青春期，你拿它一点办法也没有。

　　阳光是葫芦活命的第一份口粮。为了抢阳光，葫芦也是费尽心机，叶子比其他的藤蔓类植物要浓密，叶片里的果肉更肥厚，水分储存更多，更耐旱。刚开

> ❶ 运用拟人的修辞手法，把葫芦比作攀爬高手，生动形象地写出了葫芦擅长攀爬的特点。

始生长的季节，葫芦根本不着急，个头跟茄子辣椒苗一般高，但倘若遇见一场半场的雨水，它就"噌噌噌"地往上蹿，蹿上瓜架上黄瓜丝瓜豆角吊瓜的地盘，挤了上去，再又是一副老实巴交的样子。其实往后几天，葫芦最不老实了，它不声不响地打开了枝枝蔓蔓，拼命地发权，长叶子，开着不结果的说谎的小白花，蒙蔽了所有植物的蔑视和嘲笑声。可能，①茄子会这么想：葫芦呀葫芦，你开的是说谎话的花朵，根本结不出来什么果子，光长叶子有什么用？你能学到我一开花、就结一个果的本领吗？

❶ 想象茄子的心理活动和它对葫芦的嘲笑，增添文章趣味性。

葫芦也不争辩，也不管人家的嘲笑，只是朝着枝繁叶茂的目的，一门心思地生长。一天早上，它的藤蔓之间冒出了3个花生米似的小瓜纽纽，瓜通体碧绿，有两个肚子，长满了白毫毛，顶端怒放着白色的小花，可爱极了。小瓜纽纽的周围，别的瓜类也在开花结果，也有大大小小的瓜和小纽纽，有的瓜甚至比大人的胳膊还要粗，还要长，这样一比较，3个小葫芦一点也不起眼。更让人大跌眼镜的是，之后的第4天，小瓜纽纽的数量由3个变成了1个，萎缩了的2个小葫芦黑乎乎的，比原来的体积更小，小得可怜，仅剩下的那个小葫芦，能活下去吗？能长大吗？

❷ 运用拟人手法表现出小葫芦充满生机。

奇迹发生在第5天。头天晚上，小瓜纽纽也不过扣子般大小，②可过了一夜，竟然变成拳头那么大，眼睛眉毛都很有爷们范儿。紧接下来，小葫芦好像吹气球似的变大，由拳头，而小碗碗、而海碗、而小面盆、而大面盆，个头一天天变大，大得那么突然。还有，随着大葫芦瓜的出现，葫芦也根深叶茂起来，叶子们好像烟花爆炸一般四散开来，铺满了整个瓜架，抢占了整个夏天、秋天的阳光。其他的瓜呢，失去了阳光的娇宠，①再不开花结果了，再不增添新叶子了，已经结出的小瓜纽纽也不怎么长了，开始慢慢萎缩、变小、发黑，直至成为一颗死瓜。再后来，瓜架上只剩下郁郁葱葱的葫芦枝蔓，枝蔓之间挂满了大大的葫芦花、葫芦瓜、葫芦纽纽，这等景象，欢喜死了人。

吃葫芦要吃出来个嫩，再大一点，就老了，只能等它长老了，开葫芦当瓢。嫩葫芦的成色，一般是墨绿或者幽绿，瓜上密密的毫毛一寸长，一碰，就扎手，小碗碗般大的最好。葫芦果肉滑嫩、清爽、筋道，耐咀嚼，当天摘下来，得用菜刀把那层绿皮削掉，削得越薄越好，取了瓜瓢后，可切丝清炒，切片蒸鱼，切块炖肉，剁泥掺馅，这么说吧，甭管什么七荤八素的菜，只要有了清爽的葫芦，它准提鲜！

然而，你倘若错过这一天半晌的采摘期，葫芦就不好吃了，只能眼巴巴地看着它一天天长老，怎么变老的呢？②首先是葫芦皮上的绿，幽绿变成了鹅黄绿，绿里发白，好像江南少女的袖；然后是毫毛，随着葫芦的体积变大，密密的毫毛开始张开、渐渐变少、再少，乃至于消失，好像很多中国男人的肚子；最后是葫芦皮的厚度，从薄向厚过渡，比鸡蛋皮还要厚，等到葫芦彻底变老的时候，整个葫芦就靠这一张皮来包裹了，敲一敲，"梆梆"乱响，皮下的那层果肉呢，早已经变成一两个指甲盖厚的木质部分，也很硬。长老了的葫

❶ 详细写出了其他瓜秧慢慢枯萎的过程，能够看出作者的观察力非常细致。

❷ 依次写出了葫芦皮颜色、毫毛、厚度随时间流逝而产生的变化，将其特点生动地呈现在读者眼前。

芦，一般是两个肚子，一个肚子的比较罕见。旧时年月，北方老百姓的瓢，是把葫芦竖起来锯开的，一开两半，也就是两个瓢，取瓢一刮，舀水舀面；新疆人喜欢在葫芦的小肚子上锯开一个口子，把瓜瓢子掏空，装粮食装水用，用骆驼或者毛驴在沙漠戈壁滩上运输买卖。时下不同了，瓢已经逐渐退出厨房，失去它的使用价值，只能以另外一种形式出现了，比如葫芦的一些工艺品：小葫芦手把件，挂件，大葫芦雕塑、工艺品，皮色或黄或橙，或咖啡或紫藤，玲珑，古朴。

倘若制作葫芦小把件，最难的是给葫芦剐去青皮，确是要一番工夫的。葫芦皮上有一层青皮，薄薄的像一张宣纸，自然条件下的蜕皮，一是葫芦在长时间风化下容易干裂，二是葫芦上容易留下污痕黑疤。① 怎么弥补这些缺憾呢？选择剐青皮的东西至关重要，竹片、刀片、硬币棱角或者手指尖，刃面要直立，剐的动作要像火山爆发一般，铺天盖地，猛而快，下手的力道要轻重有度，不急不躁，比如：葫芦顶端的皮厚——剐得要重，肚子上的皮薄——要轻，肚脐眼的地势比较复杂——更需要有轻有重，倘若剐得留下了刀痕，就会破坏葫芦的品相，直接影响葫芦的价格。晾葫芦，是第二个步骤，必须把剐了皮的葫芦放在阴凉通风处，晾上一两个月，不见阳光，才能保证整个葫芦的成色统一，温润和谐；倘若直接在阳光下晾晒，日照的时长往往导致葫芦的色差过大，影响品相。最后的关键问题，是检查你的葫芦上是否留下几根藤蔓，拿葫芦老行家的眼光讲，这几根藤蔓就是葫芦的"龙

❶ 通过设问的形式，以生动的语言向我们介绍了除去葫芦上的黑疤的方法，使文章叙述更完整。

头"，"龙头"象征着持葫芦的主人乃大富大贵之人，没有了它，那么，你辛苦制作的葫芦就变得一文不值了。

我在京郊小区的一角，种了、收了四年的葫芦，很熟悉它们的一生。也很惊讶，能拥有这样的一种心境：葫芦从一本中华传统文化的经典读本里走出来，让我在大自然的一处小菜园里种下了它们，收获了它们，再经过我的胃让它们重返大地，或者隐入我的卧室书架、办公桌前的盆景里……

① 终于明白了，人的一生太过短暂，但奢望的东西太多，乃至于我们几辈子都承受不了。恐怕是，一个犹豫之间，一生就走远了。

（选自《散文选刊·下半月》2014 年第 1 期）

❶ 在文章结尾，作者通过葫芦的一生来思考自己一生中奢望的东西，深化了文章的中心思想。

延伸思考

1.本文写葫芦时，又写到了其他植物，这样写有何作用？

_____

_____

2.葫芦除了可以作为食物，还有哪些价值？请结合文章说一说。

_____

_____

吊瓜和贼

离开故乡的游子总是想品尝到来自故乡的美味，感受来自故乡的力量，不论我们身在哪里，总有那挥之不去的对故乡的眷恋。在这篇文章中作者让自己故乡好友寄吊瓜种子，而在这个等待的过程中，作者回忆起童年在故乡种植吊瓜的场景，从中可以感受到作者浓浓的思乡之情。

土壤回暖，一天比一天湿，便疯狂想念某年某月的春天来，把心都想绿了。

① 便偷了某个晚上，给远在河南的老友打电话，想托他给我邮寄一把故乡的种子。

电话那端，他很吃惊："种子？你们北京什么种子没有！非要猴急似的从老家给你邮寄？……是庄稼种子还是瓜种子？……哦，那就……瓜种子吧，……什么？吊瓜种子！这,这,可不好寻呐。我想想办法吧……用挂号还是平信？"

① 用词非常考究，"偷"和"托"能够看出此时作者已经是异乡人，想得到故乡的一颗普通的种子却是非常难的一件事情。

然后，是一串忙音。

猫在沙发里，我脑海中搜索出吊瓜的形状：藤蔓类，胳膊粗，尺把长，五六斤重，果呈长条，肉微甜、发涩，白皮花皮，白瓤白籽，是果蔬中的攀岩高手。农村的孩子，从小到大，①种地容易上瘾，哪怕一块巴掌大的地方，也非要种上什么瓜蔬，用来填饱肚皮。我们家地亩多，不愁吃，但种瓜是传统，春种夏长，秋摘冬藏，一年瓜，四季粮，一下子吃到来年的二月二。倭瓜最好种，种上了你就什么都不用管了，一根老秧儿，能"呼啦"招呼一大片秧儿，到了夏罢秋，倭瓜遍地乱跑，个大，皮厚，面甜，黄瓤白籽，可以连皮一块煮着吃。熊瓜的个头更大，红皮，黄瓤，也有白瓤，直径跟锅排子一样大，三十多斤，连大人的胳膊都抱不过来。种是好种，但不好吃，光面，不甜，嫩时当菜炒，老了煮蒸炖，必须加点盐。吊瓜最烦人，爬秧儿的时候得搭架子，树枝竹竿都行，绳子也行，架子越高越好，因为瓜要吊着长，一个瓜有碗口粗，两三尺长，架子矮了，瓜容易擦着地皮，只有高了，吊瓜才能放开手脚，毫不客气地长，前后左右地长，结得厚实，小灯泡似的挂着，说不定哪一个黎明，这瓜就长到别人家院里了呢。吊瓜的肉瓷实，耐吃，吃的时候，得拿刀使劲砍，"咔嚓"，一小块，"咔嚓咔嚓咔嚓"，再砍三下，块和块之间砍掉的，是一张一张硬邦邦的瓜片，你说瓷实不瓷实？灶屋中，弥漫开来的，那个香啊，是一种全部封闭了的香气，被封闭了好几个月，一下得到解放，不论谁挡也挡不住，香死了个人儿！吊瓜也是粮食，一个能吃七八天，不甜，不怎么面，不水，不柴，只有煮

① 巴掌大的地方也要种瓜来填饱肚子，这一细节描写，说明种瓜的重要性。

① 从煮吊瓜、喝吊瓜稀饭，这两个细节能够看出，当时农村还是处于比较贫穷的状态，粮食是非常缺少的。

② 在对待吊瓜和种吊瓜的问题上，"我"和小儿之间存在着"代沟"，反衬"我"对吊瓜的情有独钟，对种吊瓜的热爱。

着吃，打稀饭当豆吃，只不过，这豆也太大了，大成了"一块一块"的。① 只是后来，苦了我们这些穷小子，天天顿顿没有选择，只有吃煮吊瓜、喝吊瓜稀饭。刚结婚那阵子，我离开农村有那么几年，突然有了想喝吊瓜稀饭的冲动，老想小时候种吊瓜的光景，就在小院子四角钉上一些钉子，拿绳子系在钉子上，左一下，右一下，"纵横"出一个网，当作瓜架子。不到一个月，绳子上挂满了大瓜小瓜，瓜身上，光溜溜的，越看越招人喜欢。那一年，我家的吊瓜种出了名气，夏夜里竟然招来了贼，搭梯子过来偷，被我们提前发现，妻正怀孕，只有我去追，追到半路不敢追了，怕贼成双，自己打不过他们，只好眼睁睁听着乱糟糟的跑步声渐渐远了……

② 和小儿说起我和瓜的一些小事情，他却不懂，故乡对他的印象来自于北京的大超市和农贸市场，这不能怪他，城里的孩子怎么可能熟悉农村呢？但我不想放弃，拼命和他解释那瓜的形状，推荐那"瓜代粮"年月的种种好，他听不进去，还非常好奇地问我："我没有出生的时候，吊瓜也不值钱呀。贼怎么专偷我们家的瓜呢？"我说："你爸爸种的吊瓜好吃，香啊！他不偷才怪！"儿子一扭头说："骗人！"又不耐烦地说，"要种你种，我不管。"原本想小儿要反对的，不料他持中立，正合我意。缺粮少衣时，瓜就是农民的一半口粮，储藏瓜的多少，直接决定了一个家的日子能过多久，男人只管种粮食，女人只管种瓜，一半加上一半，全家人都有了饭吃，老百姓的一年就不发愁了。瓜一年，粮一年，人这辈子活的，不就是吃吃喝喝吗？我抱定了决心，想在小区楼

下整出一小片土地，也不管属于谁谁家的土地、小区公共绿地，只管种上。待夏末秋初，长长短短的吊瓜儿挂满小区，不管是楼上还是楼下的，每家每户分上几个吊瓜儿，那一张张笑脸呀，甭提多灿烂了！

　　说干就干！饭后，趁天还没有黑透，我事先准备好铁锨小铲子之类，一身农民打扮，^①在我们家楼下瞄好了一块草地，薅草，翻土，地皮很硬，但有墒情，一铁锨刨下去，一大块土坷垃就翻了出来，刨上三五下，能刨出一些嫩嫩的野草新芽，看样子，距离地皮只有二指深，说不定明天后天，小家伙们就钻出地面来了，怪可惜哩。更可惜的，是我刨出了几条挣扎着的蚯蚓、蜘蛛、小虫子，有的，还被拦腰刨断了，变得生死不明了，弄得我难受了半天。施过肥，浇过水，开始信心满满地等老友邮寄的种子，但左等右等，种子总也寄不到，心里犯嘀咕："这个老邓，怎么回事？"打电话过去，他说寄出去几天了，可能耽误在路上了，说当地的邮递员说不会丢的，让我再等等看。对着那台没有一点表情的电话机，我只好一个劲儿地苦笑。

　　这样，时间在盼望中又过了 7 天。

　　第 8 天的早上，由于单位有出差任务，我匆忙订了一张晚上赶往上海的飞机票。下午三四点，我接到了老友的一封薄薄的平信，信皮是白色的，右上角贴了一张面值 1.2 元的邮票，我很生气：他肯定没有找到吊瓜种子，肯定在信里向我一通解释！找不到也就算了，他怎么能骗我呢？我越想越气，恨不得一把抓起那封信扔出门外，但在最后，再三平定了自己的心绪，还是没有扔。

❶ 这一连串的动作描写，说明"我"种地非常娴熟。

111

❶ 运用比喻和拟人的修辞手法，形象生动地写出了被扔在桌子一角的"那封信"的委屈、怯生生之态。

下班的时候，①我一眼瞥见了那封信，它把身子缩在桌子一角，好像乡下受了委屈的小媳妇，正怯生生地偷偷观察着我的脸色，我"扑哧"一下被逗笑了。此刻，我的气彻底消了，我打算坦然接受老友在信里的解释，就像不知哪天我犯错后也向别人解释一样。我沿着信封右边撕开，打开了那封信，从里面摸出了两个纸袋子，小小的，薄薄的，一点都不起眼。袋子里装的，我熟悉得不能再熟悉了——全都是吊瓜种子，起码有 80 粒。每一粒种子，都是从故乡出发的好消息啊！我想跟老友打电话，告诉他，种子我收到了。可是，②当拨到最后一个号码时，不论怎么摁都摁不下去，泪水突然奔涌，打湿了我的左手……

❷ "我"感受到了来自故乡熟悉的种子和熟悉的事物，激起了无限回忆之情。

再细细瞧瞧袋子上，一个写着"白皮"，一个写着"花皮"。

延伸思考

1.作者提到表示时间的词语"7 天""8 天"，有什么作用？

_____

_____

2.文章的最后一段虽然看似简单，实则非常有深意，请谈谈你的理解。

_____

_____

第四辑 我家在哪里

想来，我和悟义大哥的感情，当属于古代汉唐诗人之间的那种性情，放歌草原，胸怀大海，开怀畅饮，扶醉而归，最快活。当年，面对故人西去，中唐诗人韦应物写下了《三月三日寄诸弟兼怀崔都水》："对酒始依依，怀人还的的。谁当曲水行，相思寻旧迹。"

【2014年江西省抚州市中考、2021年人教版语文七年级下册第二单元测试】
阅读全文，回答问题。（16分）

怒从黄河来

蒋建伟

①清瘦、苍凉，即使是一棵，也在努力高举着一团白亮亮的雪花，一路裹挟着黄河的怒气——它们如同燃烧的白火焰，撕咬着，拼生赴死，奔向大海……终于，下起了一场大雪。在寒冷中，它们一棵紧挨一棵，一朵雪花开在另一团雪花里，一种倔强生发出另一种倔强，一群群、一群群在黄河口站着，一言不发地站着，站成了一股股排山倒海的雪浪——看哪，那寒风中呼啦啦怒放的芦花，那大批向东、大雪一样咆哮的芦苇荡！

②芦苇荡的美，不只春夏时节，更在于晚秋的芦花。当所有的寒冷挥师南下，气温一天比一天凉，百花缓慢地谢了，谢到最后，只剩下了这一种花。风起一刹那，全世界仿佛变成了一个雪的天堂，那么美，那么纯，那么亲！

③风，往风的旋涡中心刮，越刮越毒。我们的头发和衣服被刮

乱了，我们像一个个棋子似的，在船的甲板上弹跳不止。游船属于中型船，有马达，客舱可乘坐 50 人，顶上的一棚，为特殊加厚钢板，听说上头是一处小型观景台。我们兴奋地爬上去，看黄河入海。

④滩涂之上，野生的芦苇荡随处冒出来，每一棵，都高举着雪花一样白的花，不分东西南北地盛开着、怒放着，大风刮过，就像下大雪一样，好家伙，一下子就是 15 万公顷。尤其，在波涛汹涌的大海边，数不尽的芦花见证了黄河入海时那动人的一瞬：黄河水裹挟着大量黄色的泥沙奔腾向东，迎面冲向一排排隆隆作响的蓝色海浪，蓝色几欲要抱住黄色，黄色不停地向蓝色发泄着怒火，一个劲拼命挣扎，直到渐渐失去了力量……在这个地方，大海把宽容留下，黄河把野性留下。芦花的母性，这个时候也显现了出来：它们，婷而不媚，挺而不屈，寒而不冷。

⑤船颠簸摇晃得厉害，站都站不稳，大风再那么一刮，谁都会担心自己一不小心被风刮跑了。我牢牢抓住白色的铁栏杆，迎着大风呼吸，和旁边的朋友高声说着话，但谁也听不清谁在说些什么，只能借助眼神、手势以及肢体许多的夸张动作，努力想告诉对方什么，想听到对方的一些什么，哪怕是——哪怕一场徒劳。我们此行，是去看黄河入海的壮观景象，感受一下大海的大和黄河的黄，可是，风多么大呀，黑蒙蒙、灰蒙蒙的水色之中，黑色和灰色倒成了主导，哪里有黄？哪里有蓝呢？

⑥不，我分明看到了另一副壮烈的面孔，那是至死都在愤怒中煎熬、不甘、不屈的黄河！连人海都敢冲撞的黄河！那河道，那怒吼，那九曲十八弯，那退潮后的河底的龙脊，是铁了心的牛，是犟了性的驴，使出了浑身上下的劲儿，一股股，一阵阵，一声声，一天天，一年年，后浪追赶着前浪，一股脑儿朝前冲……冲！这充满血性、义气的一个字，是黄河的秉性，中国人的秉性！

⑦船开始"哒哒哒"着调头、回返，想必船老板看这鬼天气也悻悻然，只得无功而返。不过，很多游客却盼望着好天气能突然出现，船老板回心转意。虽一个个满脸的遗憾，却不肯下到船舱里去，想一想世上的事情，哪有那么多的奇迹发生呢？等了半晌，终究没个什么结果，渐渐地，人群开始稀了，不似刚才那般肩擦肩、脸碰脸了，有人开始下去了，接下来是第二三四五个，直到我猛一抬头，发现只剩下我们一行的五个人了。

⑧其中的一个朋友，穿西装、打领带、皮鞋贼亮，他拎了一部专业相机凑过来，也不说话，径自盯着我的脸，5秒钟，想从中寻找出一种遗憾的感觉来。因为他们都来自当地，只我一个外地人，外地人看不到入海的黄河，难道不遗憾得要死？不过很抱歉，他连哪怕一丝也没有找出，后来自己偷偷藏起了尴尬的眼神，仓皇之间丢下我。

⑨其实，他不知道我此行的最大收获——我看到了一条喝醉了酒的黄河、咽下血牙的黄河、发了怒的黄河、冲向大海的黄河！他更不知道，正是因了黄河的这种野性，这种大气磅礴的怒气，繁衍出了一片片野性的芦苇荡，凝结成一个民族的血性……

⑩这一刻，我多想指着黄河口那么多浩瀚的芦花，把它们骨子里的东西一点一点讲给他听。从大河到大海，从一个烈女子般的芦花到一个伟大的民族。这一路上，到处都在飘飞着芦花大雪，为什么芦花会如此不惧生死？为什么野生的力量会如此排山倒海、不可阻挡？答案只有一个："怒从黄河来！"

（选自《人民日报》2014年4月21日，有删改）

1.通读全文，并联系标题和结尾段，说说作者写了哪两个方面的"怒"。（2分）

_____

_____

_____

2.阅读第⑤⑥⑧⑨自然段，简要概括作者此行观景的"遗憾"和"收获"分别是什么。（4分）

_____

_____

_____

_____

3.按要求赏析句子。（4分）

（1）黄河水裹挟着大量黄色的泥沙奔腾向东，迎面冲向一排排隆隆作响的蓝色海浪，蓝色几欲要抱住黄色，黄色不停地向蓝色发泄着怒火，一个劲拼命挣扎，直到渐渐失去了力量……（词语锤炼）

_____

_____

_____

（2）风起一刹那，全世界仿佛变成了一个雪的天堂，那么美，那么纯，那么亲！（修辞手法）

_____

_____

_____

_____

4. 第③自然段画线句用了什么手法描写风？有什么作用？（2分）

_____

_____

_____

5. 联系课文《黄河颂》，谈谈芦花骨子里蕴含着我们民族怎样的伟大精神（4分）？

附录：啊／黄河／你一泻万丈／浩浩荡荡／向南北两岸／伸出千万条铁的臂膀／我们民族的伟大精神／将要在你的哺育下／发扬滋长

_____

_____

_____

_____

一朵一朵白云的河

名师导读 ▶

如果很久没有回到自己的故乡，你最牵挂的是谁呢？相信很多人第一反应就是自己的母亲，确实如此，母亲是生养我们的人。作者在文章中，回忆了与母亲相处时温馨的场景，借景抒情，表达了内心的思念。

炊烟再也找不到家的时候，我发现自己仿佛已经老了。

春天醒了，土地一天比一天变得更像一个水乡女子，周身滋润的是那些细细的沙，白白的尘，还有包括汗珠一般的潮湿在弥漫，只要影子稍稍一动，脚下便踩了一鞋底儿的鹅黄嫩绿，桃红李白。一年一年，春天醒着，抬头看看天空，一朵一朵白云的河从我家门前流过，原来我好像一条冬眠的虫子苏醒过来，原来我在加速苍老，牛羊、草地和山冈被一个人无数次回忆，痛苦，并且极为熟悉。

滩上不是太宽，就这么沿着河道一直走着走着，我看见了一块大石头，它挂在西天上，很蓝很蓝，一如在这个时刻谁都睡去了唯有它还醒着，还在朝你那么①含情脉脉，诸如这类美丽的细节你完全可以自由想象，或是在梦境中补充又补充，比方说那个年轻的水乡女子，比方说你，当然那个人也可以是我。不敢轻易回忆，所有的春天里的浪漫会不会在一刹那之间漫天飞舞？所有的大门会不会一直在开着？②从早到晚，一直等待着一个人，一粒泪花在两只拇指中间静悄悄地开，一不留神，眉心突然撞上了门框，仿佛我听见有个人在高一声低一声地叫着我的乳名。庞大的鸟阵飞过原始的森林，虫子渐渐恢复它们的高智商，故乡就这样被一个人打开了，黑暗也打开了，包括青灯下唐诗宋词的孤独。这样绝妙时刻，一点一滴的感动敲打成了故乡，一长一短的叹息汇集成了暗夜，梦窄，爱在仿佛，我们每天每天都生活在一种无边的重复里……

哦，月亮，很蓝很蓝的一块石头。遥望成疤，痴如雕塑，曾经一场接一场的雨水落下来，密密麻麻的水草捧出了一朵朵微笑着的花儿，不光是野地，树枝上也有，叫不出什么名字，曾经记得，故乡天下烟花，我们的思念马不停蹄！可是，这样的时刻还有谁在记起月亮，记起烟花三月的少年时代，真的，有时候，

❶ 饱含温情，默默地用眼神表达自己的感情。

❷ 作者采用虚实结合的修辞手法，借泪花和呼唤声表现一种若有若无的思绪，营造出优美的意境。

面对月亮要比面对一杯热腾腾的咖啡奶茶困难。它常常想起一条河流，白白的一朵在大平原深处飘呀飘呀，①记得母亲在冬夜的煤油灯下轻摇纺车，时常这样对我们说，我们的眼睛啊，我们的眼睛是不是汾河水的故乡？是不是？那一刻，我看见母亲在昏黄的光线里慢慢悠悠地纺棉花，云手曼曼，指比兰花，听着那些吱吱呀呀的音乐，我们做子女的一个个猫在被窝里，半支着小老鼠似的脑袋，谁也不说话，一个个一脸的神秘，感觉纺棉花的母亲是天底下最美丽的母亲，随便那么一抽，就是一条河流的轨道，然后，又是另外一条，多么美丽！感叹着感叹着，我们小脑袋一歪，脸蛋比苹果还红，一个一个也便睡成了一副小懒猪儿模样……

夜半醒来，半眯着小眼睛撒尿儿，②忽然看见偌大的墙壁上有云手在晃，有兰花指在晃，还有一架古老的纺车依然在吱吱呀呀地响……

小时候，我们四个做子女的，日子过得紧巴巴，但从来不缺衣服穿，这样一直到我们都慢慢长大，随风四散，成了家。后来有一年，大姐回老家的时候喝多了酒，一把鼻涕一把泪地说："我们的小时候，我们小时候啊。"最后，再也说不下去了。③纺线做衣，年年月月，先是老大，再就是老二，老三和老小就都省略了，拣了前两个的穿……

我们的母亲天天熬夜啊！

而此刻的三分钟时间，我在一张白纸上熟练画出了汾河的长堤，接着让自己坐在长堤上回想这些往事，

❶ 作者在这里描绘了一幅非常温馨的场景，描写了"母亲在冬夜的煤油灯下轻摇纺车"的画面，体现了作者对故乡的思念。

❷ 作者从视觉和听觉两个角度展开描写，侧面体现了母亲的辛勤劳作。

❸ 细节描写，这是当时大部分家庭的写照。

细细的风从头顶的高树叶隙间筛下来，筛下来，仿佛这些白云，仿佛小时候的记忆碎片，一条成长的大河在天上流向无穷远。是的，爱在仿佛，我们无时无刻不在感受着它的温暖，它的滚烫，它的炽热，也许我们正当青壮，也许我们有一天终会老去，变成这些植物，这些小昆虫，这些尘埃，这些自由流淌的白云。但是因为我们有爱，爱在我们的头顶，我们心灵的天地之间游荡，哪怕自己随便是一个什么精灵儿。仿佛春天的又一场雨在细细密密地下，仿佛自己又不可救药地落入尘埃，仿佛又什么都不是，就这样落满了一月二月和三月，仿佛一缕炊烟那样迅速衰老，消逝，① 然后化作尘埃里的尘埃，一下一下亲吻着草茎们的额头、水露们的翅膀、鸟雀们的尖叫、经年的泥土里沁出来的汗，就像是小时候母亲干活久了，对我们颇为自豪地摊开了她的手掌心，说，你们看，你们看……多么美！

❶ 这里作者以优美诗意的语言写出了"爱"对世间万物的影响。

一回想起母性的月光在闪，我便会不由自主地想起那个暗夜里好像梦只做了一半，想起宛如蒲公英一样飘飞的四个精灵儿，想起我们自己刚刚抽搐过的孤单。这样的感觉，在某一个时间段，尤其放在很特别的年月日里，尤其春天，谁又不曾有过呢？那么……那么，你也许会这样告诉我说，别想了，还是想想别人的小时候吧。忽然之间，我们都老了，什么都好像看不见了，可是，正是我们才给予了孩子们的小时候，我们的孩子正在一天天长大，我们可以从他们的身上找到小时候的自己，小时候的哭或者是笑，调皮或者争吵，从每一分钟每一秒，是的，我们的目光从来没有让我们失望过。不是吗？当你一脸的幸福，抬头看天，一朵一朵的白云慢慢飘过我们的家，我们的孩子总有一天也会像白云一样长大，也会从我们的眼前或者头顶慢慢飘过的，后来的情节也许是无数次的重复，又重复，①母亲，我不知道我想你的大海有多咸，亲爱的，无论如何，这是一件非常非常甜蜜的心事。

记得，爱在仿佛，仿佛一眼，平原辽远，柳木青青，小时候的天空最美的天空啊，飘浮着白云一样的我们。细细想想，你真的应该感谢那么多爱你的人，最起码的是，他让你在一辈子的感动里，轻轻说"我爱你"，并且把这句话一辈子一辈子地传递下去。不可轻易说出来的三个字，梦里高度提炼的三个字，最懂我的三个字，仿佛在每时每刻，在世上，都永远年轻。在孩子的小嘴里，"妈——妈妈"应该是最容易叫出声来的，首先是他的母亲我的爱人，其次是也把我当作他的母亲误叫。我通常都会原谅一个六岁孩子的天真。天真得宛如一面镜子，天真不可战胜，来不得你的半点污染，原来孩子始终在坚信着一种母性，一份爱，那地方，一如春天来了，风变柔了，土变烫了，一伸手就能抓得住，不远。

我的春天已经太久太久没有来临了，在我正在电脑的键盘上匆匆敲打出她的名字的时候，在我生活在北京一月零度以下的暗夜里的时候，②春天却苏醒了。沐浴着一股股牛粪和泥土的草腥味，沐浴着母性的月光，我的铅笔在那张白纸上迅速打了个滚儿，接下来大大咧咧地伸了个懒腰，重新怀念我们小时候的汾

❶ 作者直抒胸臆，表达了自己对母亲非常强烈的思念。

❷ 这一段的描写非常生动，表现了故乡的春天对作者的巨大吸引力。

河——一条母性月光的大河。

一朵一朵白云的河，朵朵白云在唱歌，驼背的爹纳鞋底的娘，三五只偷啃麦苗的羊羔……一夜一夜，我们都在歌声里抵达圣境。

后来，笑了哭了，爱了散了，一如那些遗失在河南的花儿，一直还在美丽地等着我们……

（选自《海口日报》2023 年 2 月 21 日）

延伸思考

1. 请结合文章简要分析本文的语言特色。

_____

_____

2. 作者在文章中花费很多笔墨写景，但是只是单纯地写景吗？从中你能体会到作者怎样的思想感情？

_____

_____

3. 在结尾之处，作者运用了什么样的手法？简要分析作用。

_____

_____

抬脚踢玉

名师导读▶

　　本文写到了自己和几位好友在雨中走泥路寻黄蜡石的有趣经历。在泥巴里面寻找宝石，读起来非常的滑稽搞笑。

　　走到江边，雨说来就来了，好像一副没有睡醒的样子。

　　坡上有书院，而坡下，正在破土施工，红土里纵横着一道道车辙，盛满了一捧一捧的水。我们高一脚低一脚走在烂泥地里，吴朋友向上指了指说："叠山书院到了。"

　　周遭一片泥泞，我们用鞋子寻找路，顾不上回应他。①雨水和着红土，一片泥泞连着一片泥泞，抬脚之间，好像踩上了海绵，海绵喝饱了水，"扑哧扑哧"，泥水乱溅，想找到一块稍稍硬一点的红土疙瘩，然后毫不犹豫地踩上去都难。

　　周朋友见我走得犹犹豫豫的，心好仔细，就对我

❶ 运用了比喻的修辞手法，将泥泞的土地比作海绵，形象生动地写出了在泥土地行走的艰难。

说:"哎呀,你大概还不知道,我们这里产玉,叫黄蜡石,色泽接近红土和黄土之间。"我问:"这烂泥土里有没有?"他说:"到处都是哎。"脚一挥,"腾",就是一下。泥块飞扬,大疙瘩追逐着小疙瘩,骨碌碌跑了好远,我们也追了上去,拿皮鞋尖拨拉着它们,翻来覆去辨认,哪有什么黄蜡石?我脚臭,也没有踢出个所以然,不过,发现了一块米黄色的石头,莫非,这就是……我兴奋不已,偷偷拿到泥水窝里洗了洗,摸起来很滑,像蜡,亮眼得很,有一层包浆,上面的纹路像人的手纹,不禁①<u>心花怒放</u>。问周朋友:"这块,是不是?"吴和周都笑了,斜脸坏笑,答案,还用再问吗?还是周朋友够意思,拿起那块石头解释说:"是不是玉?你不能看它颜色好看,就断定它是。关键看它玉化的程度,蜡石的透明度,你看看,我说的对不?"我仔细观察,发现它玉化不够,只是石皮光滑罢了,不免有些失落。

　　吴朋友也是个细心人,先是像一个地质勘探员似的,②<u>原地观察一圈,捡一片红土疙疙瘩瘩的凸处,"啪",飞起一脚</u>,鞋面和裤脚立马溅满了泥浆,哪还理睬!于是乎,泥浆和大大小小的石块摊开了,一股股土腥气扑鼻而来,湿漉漉的,娇滴滴的,不知是哪里的女子在轻轻叫着谁呢?

　　我们蜂拥而上,七手八脚着捡石头,丢石头,反复比对,选择来,选择去,比谁的运气好,能捡到黄蜡石。最后,我感觉自己真的挑花了眼,虽然两手举了三块石头,心里头却还是一个劲儿打鼓。它们,究竟是不是呢?忐忐忑忑,把石头交给周朋友鉴别。

❶ 这个词表明"我"此时的心情,以为自己捡了块宝贝,很开心。

❷ 动作描写,通过"观察""捡""飞起一脚"这几个动作,反映出吴朋友的细心认真和极强的观察力。

异常镇静的周，看过了吴的，方才接过我的，挑了几挑，都不太满意，一个反手，拿出一块土不拉几的石头，说："这块，我捡的，百分之百的黄蜡石。"我"咦"了一声，问他："你蒙我？"他说："你看看你看看，这，还有那，玉化的质地——啧啧，怎么样？"说着，又怕我不相信，①拿石块往脚边的污水里涮涮，纹理更加清晰，玉质透明，一缕一缕，像肥嘟嘟的猪肉，有肥肉，也有瘦肉，唉，好馋！看到这时，不过上午 10 点，肚子却突然"叽里咕噜"地叫了起来，哎呀呀，这，哪里是什么黄蜡石，分明是弋阳老县城的龟峰扣肉嘛！说到扣肉，大名鼎鼎，我这般行色匆匆，无缘此等口福，遗憾呐。不过昨日，龟峰倒是爬了，山是很奇怪的山，红艳艳的肉色，座座都像乌龟，卧爬滚跑，腾挪闪跳，一不留神，没准，就跑到谁谁家的床上了。石色和肉色，等于是肉，一想到肉，很容易勾引出人的口水，但是这块肉嘟嘟的石头果真能吃吗？想到这里，我"咕咚"咽了一股口水，再没有什么话。

周朋友自信满满，问我："怎么样？这块黄蜡石可以吧？"

我说："是可以。可它，长时间裹在红土里，怎么是金黄色？"

吴朋友插了句话："嗨，我们弋阳县紧靠江西鹰潭的龙虎山，张天师听说过没有？②他就在那地方炼金丹。你想呀，那炼丹水顺便一撒，大山变成了肉红色，时间长了，土里的疙瘩块不就玉化了，变成金黄色的吗？"说着，恶狠狠扔掉手里的三块石头，"啪"，又

❶ 即使是在污水里面洗，也能使得纹理更加清晰，这个细节凸显出玉石的品质非常好。

❷ 通过吴朋友描述金黄色玉石的传说，增加了石头的神秘感。

127

是一脚，骨碌碌滚出来一群小石头，他嘴角咧咧，顺势地，弯腰捡起了两块。

周朋友点点头，对我说："大家都这样传，说到底，是说黄蜡石好看，江边河谷，水流过，滑溜溜的，加上日月星光暴晒，有贵气，聚财气呢。"

我接过周朋友手里的石头，问他们几个："看起来，这玉质，像不像一块肥肉？"

❶ 作者通过多段语言描写，鲜明地展示出人物的性格。

① "不像刚宰的肥肉，像山里人家里的腊肉。"一个说。

"哪有这样黄的腊肉？时间太久啦，谁吃呀？"一个说。

"玉就是玉嘛。如此高雅的东西，老是跟腊肉扯在一起，俗不俗气哩你！"一个说。

"吃是人的本能嘛，动物也一样爱吃。不谈吃，我们活着还有什么意思？你说，是不是？"一个人说着，朝我暗暗挤了挤眼睛。

"他，想吃肉了吗？中午，我们到曹溪镇东岗村吃农家菜去，多上几盘土猪肉，再喝喝汪三火家的稻谷酒去。"

"三火不是来接我们吗？他们的车子走到哪里了？"

"急什么！等一个小时，我们看完上面的叠山书院，这两人估计着就到了。"又问我，"你，先忍一会儿肚子吧……"

我忍不住"嘿嘿嘿嘿"地笑，一时间，他们也跟着我笑。

再看，那黄蜡石，可不就是一块肥肉吗？走出几十步，我拿着三块石头，周朋友拿着两块，吴朋友也拿了三四块，不过都沾满了脏兮兮的泥巴，看不出来到底是不是黄蜡石，一时间，你一言我一语的。

上坡了，陡直，半米高，前脚踩上去，脚尖探了探土的虚实，倘若实，方才踩准了原地，绷直了腿劲儿，一个提气，一个跃身，"啪"，就上去了。但见这儿，红土里有了干的地方，①雨水呢，被草和土吸了去，不见得多湿，显了干燥气，越来越瓷实，踩上去，地皮不再是泥泞泞的，脚步有了"啪啪啪啪"声的底气，不免加快。往上边去，是一条窄窄的水泥路，几道水泥阶梯，一个敞敞亮亮的院门，门旁边，有一个水池子，拧开水龙头，吴朋友洗了泥石头，两个人也冲手洗脸，沾着水，擦去皮鞋上的泥巴，掩饰一下狼狈相。继续往里边走，推开门，就是静穆的书院。我停下步子，周朋友也停下来，想确认一下吴朋友手里的东西是不是真东西，也就是黄蜡石。吴朋友脚步停也没停，拿着两块石头，右手朝上一挥，意思是不要停下，两个人只好跟上。

②书院里亭台楼榭，草木葱郁，厅堂的茶几两端，虚着的两个座位，想必是书院主人一直在等着远方的学人。吴朋友是本地人，自然围绕着它，乱七八糟地说道一番，却只字不提自己手里的石头。周朋友看透我的心思，转过身子，急急打断了他的话，嚷嚷道："你别说了！我们不想听着。哎，能不能让我们俩看看这个？"

吴朋友一个背手，胸脯一鼓，反问："看什么啊？有什么好看的，有什么好看的。"

❶ 拟声词"啪啪啪啪"写出了地面的路从泥泞到干的变化，通过声音能突出地面的变化。

❷ 这段环境描写写出了书院和亭堂布置得非常雅致，坐落在草木之间，突出了文人特有的雅致风范。

129

"黄蜡石呀。"我嘻嘻一笑说,随即移步到了他身后。

他把两手又抢放回来,不料,两只胳膊快要转移到胸前的时候,周朋友眼疾手快,一下,就抓了个正着。周得意地说:"看你还往哪里跑?"

他只好无奈地笑了笑,两只手松开了,露出了黄澄澄的石头,不规则,一块像鹅蛋大小的,七八两重,一块像扁平的红薯,足足 2 斤重,都不算小。① 鹅蛋状的石头不错,颜色较深,由橙黄色正在向雀巢咖啡色过渡,我粗粗估计,玉化的时间不下五千万年。

① 作者的观察非常的细致,通过石头颜色的变化,推断出玉化的时间,可以看出作者的学识非常的渊博。

嘴角不禁微微一翘,笑意时隐时现。

周的聪明,出乎我的意料。他狐疑地瞅我一眼,又看看吴的这两块石头,两三秒,一把抢过那块小个头的石头说:"这个不好,不是黄蜡石,别送给他。我留着啦。"

我"咦"了一声,感觉这里面有鬼,赶紧说:"我看看,我看看。我啊,也想要这块品相不好的石头。"

周绷紧一张脸,看看我,又看看我,忽然,"扑哧"笑了,说:"其实呢,这块小的,比那块大的玉化的程度要好,是正宗的黄蜡石啊!"又补充说,"你看看这儿,看看那儿……哎呀,这品质,这蜡色,你上哪儿找?"果真,鹅蛋状的石头玉化均匀,瓷器般的圆润,无杂质,无鬼脸,无断面,② 每一个棱角都磨得圆圆的,11 道褶皱里,好像隐藏着地球上的 11 道巨大的地缝,人类的 11 个秘密。想象这块黄泥巴,埋藏在地下亿万年,即使是根小草也会变成神仙了!此一刻,重见天日,单就这一点,它们不是神物是什么?

② 反复强调了三次 11,说明这个数字非常的有代表意义,将地球和人类的命运联系在了一起。

我脸上是满满当当的艳羡啊!

周怕吴难堪，出于安慰，又指着那块大点的石头说："你的这块，成色也不怎么差，个头不小，而且多像一块红薯啊！这样吧，他是河南人，河南人喜欢吃红薯，这块，你送给他，好吗？"

吴听后，假装满脸后悔死了的样子，夺回两块黄蜡石说："谁说我要把黄蜡石送给你们俩啦？对不起，我，谁也不送！"

我们俩听了，一愣，苦着脸笑笑，一个前，一个后，自顾自地走出了书院，站在廊檐下看景。顷刻间，①大雨如注，噼噼啪啪坠落在翡翠般的信江之中，说不清是一种什么心情。

晚上，酒后大醉，吴朋友送我回宾馆上楼，临别时，一把拽住我的手，从口袋里掏出了那两块黄蜡石，恶狠狠地塞入我的行李箱，搦搦我的手，非常严肃地点了一下头，就夺门而去。

那个春天的事情，已经过去很久了，但那个抬脚踢玉的细节，忘是忘不掉的。有时候点亮一盏灯，写作至夜半，看看书架上的他乡的两块黄蜡石，会走过去摸摸，瞅瞅，闻闻，末了，会非常无聊地笑笑："人养玉，玉养人哪！"

吴朋友送我的黄蜡石，是不是能养人？具体点说，就是能不能养我？如果我写下一篇小文，回忆三五个故人，写饿了，能不能把它们当两块肉吃下去？

（选自江西教育出版社散文集《草木皆情》一书，2022年2月第1版）

❶ 作者通过视觉、听觉两个方面写出了雨下得很大，将自己的心情写进大雨之中，情景交融。

1. 文中记录了哪几件事，请简要总结。

_____

_____

2. 文中吴朋友是一个怎样的人？请结合文章简要分析。

_____

_____

我家在哪里

名师导读

　　人生路上，能遇到的知己并不多，所以他们才会成为生命中极宝贵的财富。在这篇文章中，作者用了大量的笔墨来描写自己的知己——乔大哥，他的每一个行为都对作者有深深的影响。文中有大量的语言描写，能较好地凸显乔大哥的性格特点。

　　"建伟老弟，跟我回一趟老家吧？"大哥在电话里弱弱地问我。

　　"你老家哪里的呀？"我脑子里快速搜索着他的老家的地名，呈现出一片混沌来。

　　"山西清徐县。"大哥说，①"我的出生地，我们家祖祖辈辈都是农民。我小时候啊，家里实在太穷，就跟着舅舅生活。舅舅家是太谷县城的，县城毕竟比农村的生活条件好一点，我人生的头几年是在那里度过的，跟几个老表一块，吃住都在舅舅家，某种意义上说，

① 在这里介绍了大哥的出身和基本情况，使人物形象更加完整。

133

舅舅家更像是我老家，舅舅他们全家人，对我有恩啊！"

"好。"我推开桌上一大堆报纸杂志，不忍听他继续说下去，立马答应了他，也趁机摆脱一下周遭这乱七八糟的杂事。

"啥时候走？"

"明天。咱们坐高铁去，先到太原。明早上，小安开我的车从北京出发，不耽误中午到太原和我们会合。然后我们坐车到平遥古城，到太谷县，自己的车，想在哪儿停就在哪儿停，玩到哪儿算哪儿，方便。老弟，你说呢？"

"好。"我回答道。明天，就是 2018 年 12 月 30 日，然后的几天，就是跨 2018、2019 两个阳历年，呵呵，算是跨年游啰。其实我知道，① 我这位随时随地幽默一下的大哥早已经癌症缠身，他的生命时间已经进入倒计时，他想老家啊！

什么是老家？埋葬祖先的地方，就是你的老家。

我的这位大哥，不是我亲哥，他叫乔悟义，长我将近 30 多岁，老家山西的，是个歌词作家。陆陆续续地知道，他的生日是 3 月 26 日，距离清明节 10 天。早些年，② 他当兵去了内蒙古，当文书，部队复员后就留在了通辽的霍林河（也就是霍林郭勒市），当过国营电厂的副厂长、厂长，后来自己辞职下海，开过几个煤矿、电厂，建了五星级宾馆，企业做得很大，走路大步流星，虎虎生威，获得过全国五一劳动奖章，业余爱好散文、诗歌、歌词、音乐、书法，几乎全才。不想，干到顶点的时候，自己却干趴下，肺癌

❶ 身患绝症的大哥仍然风趣幽默，他乐观豁达的心态让人心生敬佩。

❷ 从这一段的介绍中能够看出大哥不仅在工作上认真负责，也是一位有丰富阅历的人。

晚期。我也喜欢写歌词，所以我们是词友，交流起来整天电话微信不断，当然，更多的是见面详谈，他写出一首歌词，立马打电话给我分享，我写了歌词，也第一个想起我的这位大哥，没有一丝一毫的利益上的瓜葛，算是他乱七八糟的朋友当中最知己的人，比亲哥还亲吧。

　　和他交往最密的时候，正是他患病这几年。他时不时来北京，组饭局，请朋友们吃饭，请各种各样的朋友，①有政界的商界的，有演艺界的音乐界的，有文学界的新闻界的，甚至是，仅仅有过一面之缘的人，这样，老朋友叫上新的朋友，通常是，一二十人的满满一桌，走着来着，杯盏交错，歌声缭绕，好像河南的"洛阳流水席"似的。拐弯抹角的，酒杯子"咣当"一碰，就成了兄弟。暗暗想，②这老哥的爱好真多，多多少少、深深浅浅、曲曲弯弯、直直拐拐的，略懂个八八九九。另外，他有一个小爱好，喜欢满天飞，飞机，变成了他的交通工具，今天飞到这儿，明天飞到那儿，后天再飞到那那那儿，忙啊！说实话，他从单枪匹马的一个人，去内蒙古霍林河，开煤矿，到今天的企业发达，儿孙成群，该受的罪也都受了，享福的都享了，没必要还这么拼命。《诗经·周南》里，有一支祝福多子多福的民歌，叫《螽斯》："螽斯羽，诜诜兮。宜尔子孙，振振兮。/ 螽斯羽，薨薨兮。宜尔子孙，绳绳兮。/ 螽斯羽，揖揖兮。宜尔子孙，蛰蛰兮。"螽斯是一种蝗虫，繁殖能力超强。联想起来，就等于说，老乔的能力也超强。③可是，子孙满堂的他，犹

① 列举出了大哥的不同朋友的身份，表现他交友广泛的特点。

② 心理描写，侧面说明大哥是一个热爱生活的人。

③ 运用比喻的修辞手法，把老乔比作世界上最快的跑车，突出他的能力之强、成就之高。

如世界上最快的跑车，快要赶上飞机速度的跑车，突然于一秒钟内戛然而止，不论是谁，也绝不可能做到的事啊。他，怎能舍得这人世间的亲人哪？怎能放心离去？可是偏偏自己好像中彩票一样中了"头奖"，大限将至，生命进入了倒计时，你有什么办法？我的亲大哥，他此刻正在抢夺哪怕一分钟一秒钟，赶在自己说不定哪一天走以前，给儿子女儿孙子留下今天庞大的家业，铺好儿孙们后面的路，预见自己所能考虑好的所有一切，给朋友们争分夺秒去做完他眼里的大事、别人眼里的小事，延续好所有的人和事，然后，他才可以安安心心走。人这辈子啊，没有办完的事情太多太多了。他还要写新歌，他还要办书法展，他还要向一家聋哑学校搞义卖捐款，他，希望上帝能宽限自己几个月，哪怕几天，让自己能晚一点点走。

①你说，遇见这样一位有情有义、有骨气、有情怀的大哥，在生命的灯火即将熄灭之前，他有一天约你回趟山西老家，你可有下狠心拒绝的勇气？何况，我们的老家，不就是从山西洪洞县大槐树底下迁徙出来的吗？

对，回家，回我们的山西老家！

2018年12月30日，12：38的样子，我们坐上了北京西站至太原南站的G611次高铁。时速286公里的高铁，飞一般，车窗外的庄稼地也在飞速后退着，树木也后退，但车内却是出人意料的稳，没有颠簸感。我看见刚刚，铁姐送过来的那一杯橙汁，几乎不起什么波纹。

❶ 通过一个反问句，再次突出和强调了大哥是一位非常有骨气、有情怀的人，没有人能够拒绝大哥最后的请求。

我强迫自己睡觉，但是睡不着，只好无聊地看看车窗外绿油油的庄稼地。悟义大哥睡不着，向秘书韩华要了纸和笔，把纸摊在膝盖上开始奋笔疾书，写完之后陷入无尽的沉思里，时不时，他望向车窗外的景致，大约有十来分钟，作歌词《不是妈妈的妈妈》一首，通过一个5岁孤儿的口气，表达他对孤儿院女老师的感激之情，进而对辽宁省孤儿院的女老师群体进行了歌颂。他扭过头来，满脸严肃地对我说，^①他目前正在研习书法，打算把这首歌词写成书法作品，然后明年搞一场书法展，现场拍卖自己的300多幅书法作品，所有拍卖所得，捐给辽宁省孤儿院做慈善，他保守估计，拍卖金额在500万元。又跟我谈到，他从小家里非常穷，穷到怎么个程度呢？亲戚邻居都不理他们家，事事处处受气，没人搭理他，他的父亲常年在东北伪满铁路卖苦力，解放后分配在辽宁沈阳铁路系统工作，母亲后来也寻了去。没办法，他只好跟着舅舅到太谷县生活，读小学，上了一两年，就和弟弟去了沈阳去找他父母，然后当了兵。而今天，他太谷县的舅舅早早去世了，没有享上他的福，遗憾啊！好在，他还有表哥、外甥女几家亲戚，人不能忘恩负义啊。他把大外甥女、外甥女婿安排在自己的企业里，时不时接济老表家一下，只有如此，方才安心一些。说起老家清徐县，他随着早年的迁居至内蒙古，亲戚之间离得老远，不走动，感觉也就不亲了。^②只有他大爷家的一个叔伯大哥，大学教授，待他好，当年呐，他回山西老家没钱住旅社，他大哥借钱帮他订旅社，管他吃喝，舍命陪君子

❶ 细节描写，体现了大哥博爱仁义的情怀。

❷ 此句凸显了兄弟之间浓浓的情谊。

嘛，兄弟情到了这份上，打死都忘不了啊！可惜的是，他大哥死得早，侄子又在外地上班，太原家里头，撇下大嫂孤单单一个人，苦着哩。高铁"呼呼"西南而下，他一直在那里说着说着，没有什么语气和表情，好像在说另外一个陌生人的故事。

我木木然地听着，突地，<u>①听见他长叹一声"这回，得看看我的好大嫂啊"，眼泪聚集一团，温温的，想掉下来，只好自己使劲忍住。</u>

15：38 到达太原，再进入市区，我们挑选了长风西街一家宾馆。司机小安最辛苦，从北京一路开车赶来，早已经等候在宾馆大堂，我们一起办理入住。我放罢行李，简单洗漱一下，便去了悟义大哥的房间，一推门，小茶几旁边坐了一个60出头的老大姐，悟义大哥说："建伟，这是我大嫂！"一时间，感动、感激和感恩什么的，一股脑儿涌了上来，我却不知道应该说什么好："嫂子好！我哥，他一路上都在念叨着你哩！"大嫂笑笑说："谁叫他跟他大哥最亲呢？"悟义大哥说："可不是嘛。我说嫂子啊，我这趟回完太谷以后，就返回内蒙古，你跟我一块回内蒙古，我们一块一个锅过呗！反正，你一个人在哪儿不是过。"大嫂笑歪了嘴儿，说："老乔，你看你这弟弟，还整天跟他嫂子开玩笑！哈哈，哈哈。"我们笑了，他这个人呐，无论跟谁，都想幽人家一默，特别逗，老小孩儿。

12月31日，早上8点，我们驱车从太原上高速公路，前往平遥古城。平遥紧邻太谷，都是晋商发源地，且名气很大。路上，悟义大哥说：<u>②"上午我们先到平遥，</u>

❶ 描写通过"我"的神态和动作，表现出"我"被大哥重情重义的品质所感动。

❷ 大哥对行程早有规划，侧面说明他是一个非常注重细节的人。

吃平遥菜，吃山西刀削面，喝地道老陈醋，午饭后看古城，顺道观看大型实景剧《又见平遥》。下午，我们去太谷县。"我问他："不回清徐县老家了？"他说："唉，自从父母跟着我迁到内蒙古之后，老家这条线就断了，房屋和老院子、庄稼地都送了人，其他的，啥也没有了。因为太穷，他们看不起我们家，经常受欺负遭白眼，想起来就生气，所以啊，几十年都不来往，断了。他们不知道我们活得如何如何，我们也不想了解他们的今天，回去的话，净落得伤心。"① 听得出，他的声音苍老了许多，我不知道该怎样安慰他。下了高速，进入平遥县城，悟义大哥的表哥一家人，领我们去一家当地土菜馆，午餐很丰盛，刀削面、九大碗和平遥牛肉，吃起来，比较开胃，爽，耐嚼，有一种说不出来的特点。为了显示重视，这个二老表还邀请了县里女婿单位的科长陪同，看起来，似乎让他这个表弟感到脸上有面子。上下楼梯的时候，② 悟义大哥由于术后行动迟缓，走路就像腾云驾雾一般，两个外甥女左右搀着，一步一步，都是慢镜头，坚定中，带有更多的迟疑，似乎是，又不全是。走完最后的一步，他的一个脚尖猛地一跳，两脚一蹦，说终于走完了。我们，纷纷长舒了一口气。吃饭时，他拣清淡的东西吃，末了，再来一碗刀削面，连汤带水，喝它个一干二净。我望望他，不便问他。他望望我，苦笑着说："跟以前不一样啰，该吃什么，该喝什么，病，都管住你哩。"一句话，引发了一桌人的感慨。

　　看罢了实景剧《又见平遥》，已是下午三点，我们

① "声音苍老了很多"既说明他不愿回首那些往事，也反映了他的身体状况已经变差。

② 悟义大哥下楼梯时需要外甥女搀扶，这个细节直接写出了大哥现在的身体状况很差。

驱车直奔太谷县。太谷县的晋商发端，不仅比平遥早，而且晋商的数量和规模也比较大，可谓富甲一方。进到城区，^①方知太谷县的古城保存完好，古朴，隽永，民居、街巷楼牌和门楼漫过的青砖灰瓦，一层层一叠叠，一层层一叠叠，铺盖卷似的，你压我我压你，直抵高天。

① 环境描写，以生动的语言写出了古城的特点。

又恍如，走进明清时代的某一出戏文中，你若是女，他若是男，我若是某个乡绅财主、县太爷、公子爷，或是进京赶考的书生，春游上香的一众小姐丫鬟，茫茫人海，熙熙攘攘，一起骑马，一起坐轿，踏遍天涯寻芳草，到后来，成就了一个才子佳人的传说。他们太谷商人发达之后，喜欢盖房子置地，跑到西南边的平遥城里开镖局，立商号，做各种买卖，生意做到了内蒙古的包头、呼和浩特，俄国的恰克图等地。一条北上护镖之路，犹如去闯一道道鬼门关，人性对于金钱财富的贪婪和占有太可怕了，而且没有止境。唉，发财的毕竟极少数，大多是，百十家的青壮男丁落了难，命断他乡，变成了一个个千里还乡的鬼魂。后来，这家的生意衰败了，留下一群刚刚过门的年轻女人守活寡，命苦哇。^②白蒙蒙的平地里，一股刮骨刀般冰冷的小阴风打着旋儿，刮到我们脸上、身上，激灵灵打了个寒战，一团急急闪闪尖尖细细的锣鼓嘈杂声里，飘出了一个大青衣的戏腔儿。想那一阵香，狐狸精的脸儿，细扭扭的腰儿，线穗子梨乳儿，磨盘儿屁股，小眼神滴溜溜滴溜溜的，随便那么一撩，完了，你的魂儿保准被她勾跑了，任凭你孙悟空再翻上几个十万八千里的跟头，也逃不出如来佛的手心。她，羞

② 环境描写，冰冷的风也暗示着戏剧里守寡女人悲惨的命运。

答答，梨花带雨，早踩着鼓点儿，东天流云似的，急匆匆闪过，小手已挽着那幕帘子在唱："家住山东在临清，李家大宅有门庭。父名久经曾中举，老母生我姐弟二人，我名就叫淑萍女，兄弟小名桃哥儿，他大名叫……他叫李凤鸣。我的父曾经中皇榜，刘瑾贼贪贿赂转卖文凭，二爹娘双双气死在报恩寺，无钱埋葬——姐弟被困在北京……"满脑子，晃动着一副清纯可人的俏模样，听见的，又是一个民女陈三两告状时的悲悲戚戚，一怔，才想起是刚才《又见平遥》里的那个水灵灵的小绣娘来。小丫头也不过十六七岁，花骨朵似的，水嫩，媚，有一点点妖，被选为平遥城首富家的少夫人，大婚那天，几乎是锣鼓喧天、倾城而动，热闹非凡。不想，一夜之间呐，他们家失去了顶梁柱，天变黑了，世界变成了万丈深渊，①一个高高飞翔的金凤凰突然折翼坠了地，变成了落汤鸡，等待一个青葱女人的，是她的慢慢衰老，老成一把灰烬，湮灭在一片黄土地深处。一丝苦涩感宛如那片羽毛，掠过不远的半空中，飘飘曳曳，"哒"，定住了，凝固不动，好像电脑中病毒死机了，忽而解密，被风的一双双大手缓缓托起来，投纸飞机一样射出老远，缓缓滑出一道美丽的弧线，几下几上，踉踉跄跄着，却始终不落。不由自主地，嘴里，哼出了几句豫剧的曲调。然后问他："听说《陈三两爬堂》，纯正的戏味是山西晋剧，而不是京剧、豫剧。"他说："当然啦，山西的晋剧多古老啊，那家伙，比黄土都要厚。不过遗憾呐，我竟然到现在，一句也不会哼唱。"我表示理解，②人各有所长嘛，不

❶ 运用比喻的修辞手法，把晋剧里的少夫人比作金凤凰，遭遇变故之后却变成了落汤鸡，对比鲜明，写出了家庭变故给她带来的转变之大。

❷ 用简短的话语揭示出生活的道理，启示我们要善于发掘自己的特长。

必样样都优秀，有的人，一辈子搞明白一件事，就非常了不起了。更何况，许多的人，活到老，往往一事无成。

　　一个窄窄的巷子里，我发现了里面的一所民国时期建的大学，现在已是省级高校。商业兴，教育自然也会跟上，这一点，山西人就是比别人看得远。车子拐进里面的一个小道，悟义大哥对司机小安说："就在前面，150米吧，那是我上小学时常走的小路，我舅舅家就在最里头。等会儿，你停车，我和建伟老弟下去走走。"司机应声答应了，随即停车。我们下了车，他走前面，我随后跟上，闯进了里面。①他指着一街两行的小商家小饭馆，说："以前哪有这些，哪有今天的柏油路呀，都是泥巴路，坑坑洼洼，深一脚浅一脚，也没有什么吃的，那时候啊，家家穷，我舅家更穷，一家老小都得养活，吃一碗刀削面，啃一口烤红薯，日子就算好到天上去了。"论走路，我快，他慢，不知不觉地超过了他，只好返回去，退回去几步，紧跟着他。他喘着气，摆摆手，表示理解，又说："我舅待我亲啊。两个老表吃啥，我吃啥，从来没有缺过嘴。大表哥去世得早；现在活着的是老二，有三个女儿，家境还不错。老理讲啊，人家帮了你，你得一辈子记着，得还。做人，讲究一个'义'字。我爹给我起的这个名字里头，无形之中，给我立下了一个标准。"②走了5分钟吧，悟义大哥累得已经气喘吁吁，额头上沁出一层薄薄的汗珠儿，他脱下外套，挂在一个胳膊上，用一只手擦了擦汗，停下来，朝着车子方向喊："韩华，韩华，

❶ 语言描写，体现了此地变化之大。

❷ 神态和动作描写，可以看出此时大哥的身体已经非常虚弱了。

把车倒回来。嗨，我刚刚走了两圈，就走不动了。怎么搞的？想当年我……不说了，不说了。我们上车走！"一阵苍凉感泛过我的心湖，久久不能平静。但我又不能劝慰大哥一句，我害怕自己还没有张口呢，泪珠子早早掉了下来。

晚上，我们住太谷宾馆。入住登记时，身上不再那么冷了。服务员无意地说了一句："今晚上，2018 年 12 月 31 日，是 2018—2019 年的跨年夜。"悟义大哥一听，立马警觉着问："电视里，是不是有跨年演唱会？"服务员说："当然了，听说北京台、黑龙江台、河北台、湖南台、浙江台、江苏台、上海台都有。"悟义大哥自信满满地说：① "那，你今晚收看北京台吧，我的新歌《华夏之春》将全国首播。"服务员一惊："你是……歌手？"我回答："他是歌曲的词作家。"小丫头"哦"了一声，对我们是一脸艳羡。进了房间，悟义大哥心情大好，对两个外甥女说："你们俩有微信没有？我们加一下。"一个说："哟呵，表叔好潮啊！都有微信啦。"一个发嗲说："表叔，发个红包哎——"悟义大哥乐不可支，连说："别慌别慌，这就发。"只听"当儿""当儿"两下，补充着问下一句话，"收到没有？"两个人惊喜着尖叫："哎呀，这么多！谢谢，谢谢啊。"稍稍安静些，他对表哥说：② "兄弟啊，明天上午呢，我到你们家看看表嫂子去。听说她腰不好，心脑血管也不好，到了这岁数，可得注意啊。"他表哥温和地说："别去家里看了，她那是老毛病，自家人，别去啦，别去啦。"悟义大哥坚持说："那不行。我呢，这回也没有带礼物，

① 这里侧面体现了大哥的成就之高。

② 即使自己已疾病缠身，仍惦记着别人，一个有血有肉的"大哥"形象跃然纸上。

143

就给你包个红包算了。表嫂子一定得看，好人啊。"寒暄一番，悟义大哥伸伸懒腰说："就这么说定了，明天上午去你们家看表嫂子，下午返回太原，1月2日上午，酒店休息，下午开车返回北京，晚上请一帮作家朋友吃安徽菜。3日中午、晚上，再请音乐界的朋友们……"他表哥感叹道："忙！"悟义大哥接了一句："忙了好。现在，打开电视搜北京台，听我的新歌啰。"① 一帮人嗷嗷叫着，打开了电视，眼睛一眨也不眨地看跨年演唱会。

❶ "眼睛一眨也不眨"这个细节描写，能够凸显众人对大哥发自心底的认可。

可是，一直等到21：50，连个歌曲的影子都没有，他表哥、两个外甥女打着哈欠走了，司机小安、助手韩华也回了房间。客房里，虽说烧了暖气，还是有一丝丝的凉意。然后我也回了自己房间，准备休息。刚打开电视机，悟义大哥的手机打了过来："老弟，别等了，歌唱家王洪波说，得零点才能播！"好家伙，谁熬得起？不去想明天早晨他的欣喜，不去想那歌曲怎样的视听效果，困，只想倒头便睡。

2019年1月1日，中午，我们在太谷县吃了地方菜，喝了一点土酒，想匆匆上路。② 临别，他表哥给我们准备了几坛子酒枣，10斤装的，密封保存在坛子里的山西小枣，拿山西的汾酒泡过，让我们过年时候尝尝，满脸诚恳。难怪悟义大哥说，表哥是个实性人。车子刚刚驶上高速公路，悟义大哥的手机就响了，里面有一个女的声音问：③ "乔大爷，你们还要多久才能到太原？晚上，我们请你们吃炭火烤肉，自己家开的店！"他说："那多不好意思啊。我们一来，就吃你们

❷ 通过这个细节说明表哥为人实在、诚恳。

❸ 语言描写，侧面反映出大哥的好人缘。

的。"手机里，两个人好一番推让，才挂。女的叫陈曦，二十多岁，是大哥一个老朋友的女儿。老朋友2008年8月6日走的，8月8日在大连海葬。他这个女儿，如今开始学经商，她和老公李欣一合计，就在太原投资一家烧烤店，刚开张不到一个月，这回，得知悟义大哥回老家了，说无论如何也得请请她这个伯伯。下午五点多，我们的车子驶入太原市区，还住在前天那家宾馆，然后，美女陈曦和她老公就到了。闲聊了一会儿，陈曦看看表，说："咱们出发到晋阳街北美N1那儿吧，顺便，帮我们'厚道本味'店参谋参谋。"这客气话，惹来一阵笑声，我们哪懂呀？上了路，路况还挺顺畅，开了20分钟，店就到了。① 店里的装修，有点日式风格，简约雅致，墙壁和桌椅呈暗黑色系，给人一种庄重感，所以说，吃饭是一件非常庄重的事情。我们刚刚落座，几个服务员就忙碌开了，上菜、上肉、上酒、上水，两三分钟搞定，接下来，就是她老公大秀烧烤手艺。他手拿一把肉夹子，摆好一铁箅子的肉片肉块，点点，按按，烤烤煎煎，切切翻翻，一大块牛肉便开始"滋啦滋啦"冒着油泡泡儿，慢慢地，牛肉变得焦黄黄的，香嫩嫩的，一缕一缕的香味，好好诱人啊，一层海浪一层海浪般地扑向你的舌尖，突然打开了你的胃，勾起了你的魂儿。食欲大开的节骨眼上，② 这个男人毫不含糊，瞅准火候，刀叉齐上阵，大块切成小块，小块再切成长条，等烤到不老不柴的时候，迅速叉起来，一块块放入我们的碟盘里，说蘸着蘸料吃，馋死狗，香着哩！我们逗笑了，这个胖乎乎的大男人啊，

❶ 环境描写，渲染出庄严的氛围。

❷ 动作描写，通过一系列动作表现男人烤肉技巧的熟练。

外表看起来粗枝大叶，其实心细着哩，挺会照顾人呢。要不，陈美女怎么会偷偷爱上他？他呀，这里面，肯定有绝招。因为明天就要返回北京了，这顿饭吃得也很高兴，悟义大哥喝了两小杯清酒，我和韩华喝了两大杯高度的山西汾酒，出言豪放，热闹哇。司机小安开车，自己不喝酒，反倒使劲劝我们喝，趁我们一仰脖，一个人偷偷地坏笑，我不知道他是不是自鸣得意，还是思想发叉了，胡思乱想起那平遥城把他魂儿勾跑的小绣娘，一身红的俏模样，也懒得去问，管他呢。

悟义大哥看了看一盘土豆炖牛肉，非常挑剔地夹了一块"滋滋啦啦"冒着热油泡泡儿的土豆，吃了一半，又把剩下的一半搁在盘子里，说油气太大，只想着吃一口清淡的东西，嘿，这病给整的！韩华慌忙喊："小陈经理，能不能给乔总上一碗清汤面？"一个尖尖的女声回答："没有。"小安问："有没有刀削面？一人来一碗。"女声的回答依旧很响亮："没有。"我继续问：①"那有一根面、剪刀面、刀拨面、剔尖面、猫耳朵、不烂子、饸饹面、蘸片子、抿尖、掐疙瘩、炒莜面鱼鱼什么的吗？"大哥"嘿嘿嘿嘿"笑了，说我懂得的山西面食还真不少。这时候，陈曦胖乎乎的老公李欣从最里面的雅座一溜小跑过来，喘着粗气说："哎呀乔总，各位大爷叔叔，我们这店刚刚开业，厨师还没有招全乎，很多东西都不会做，多担待点啊多担待。等会儿，给各位再加一个紫菜蛋花汤，慢用啊……你们。"大哥一只手摆了摆，说你们忙去吧，都是自己人，不要客气。等她的胖老公走远，悄声对我们说："年轻人呐，

① "我"一口气说出了很多面食的名字，体现了"我"对山西面食的了解，以及对大哥的关切。

创业多不容易啊！"我们免不了一番感慨，举箸换盏之间，只有心底默默祝福他们俩。就餐完毕，出了店，我们迎着"呼呼"乱叫的西北风走在回酒店的路上，我问悟义大哥："今晚上吃好了吗？"他云淡风轻地说：① "啥叫吃好？山珍海味也是那，龙虾鲍鱼也是那，粗茶淡饭也是那，人哪，吃来吃去，啥都比不上一碗清汤面啊！"韩华补充说："乔总就差一碗清汤面。"我也对他们说："是的呢。在我们河南，如果你请客，最后一道程序必须是给每个人上一碗面条。不吃碗面条，等于你没有吃饭。"在国人"南米北面"的饮食习惯中，大米和小麦，用了几千年的时间改造了每一个中国人的胃，特别是我们中原人北方人，一顿不吃面就想得慌，老感觉缺点什么，没着没落似的。看来，我和悟义大哥一样，还是念念不忘那一碗面条啊。

② 我想起悟义大哥老是挂在嘴边的那句话："还是留点儿肚子，每人来碗清汤面吧。"饭桌上，他每回都率先给在座的朋友要一碗面，"呼噜噜，呼噜噜"，人人捧着一碗飘着几片绿叶菜的面条先吃一阵子。然后服务员上菜，主人举杯，众人欢声笑语中开怀畅饮，好不热闹。看来，山西人爱吃面，到什么时候都改不了这习惯，而且，润物细无声之间就把周围的一帮子朋友都给"传染"了。说到底，老家就埋在每个人心底最柔软的地方，人越老，越是一大把年纪了，越喜欢坐到一块儿喝喝小酒，吹吹牛，怀怀旧，讲故乡，聊童年，诉往事，那是我们一头连着母亲长长的亲了又亲的脐带啊。③ 乡愁就像那一根根面条似的，细细

❶ 大哥的话蕴含哲理，有返璞归真的意味。不管在外面吃了多好的美味，自己内心最想念的仍然是来自家乡的味道。

❷ 语言描写，突出大哥对清汤面的喜爱。

❸ 运用比喻的修辞手法，把乡愁比作一根长长的面条，生动形象地写出了异乡游子对故乡的眷恋。

长长，热热乎乎，扯不断，千万里，风雪里，梦境里，隐隐约约中似乎有一个苍老的声音在你身后喊："儿啊，我的儿啊——"我鼻子一酸，低下头，不敢继续想，也不能想。

悟义走在前面，自顾自地说："建伟老弟呀，你知道我小时候最大的渴望是吃到什么吗？不瞒你说，清汤面。"

原来，小时候，他随父母来到内蒙古科尔沁草原那几年，由于父亲是铁路职工，家住偏僻小站一隅，靠父亲一个人的工资生活，日子太苦了，主食是高粱米、窝窝头，能吃顿清汤面就是改善生活了。<u>①读小学的他，每天坐通勤车到镇上去上学，中午带了饭，到了傍晚，再乘那班火车原路返回。</u>"那天下课早，我坐在教室写作业，不知不觉间，竟把那趟车错过了。"悟义大哥说，"天色暗了下来，教室空无一人，看一眼墙上的钟，我彻底傻眼了。"

小悟义心急火燎地跑出教室，朝车站奔去，幻想着那趟车还没开，可空空荡荡的站台，让他彻底绝望了。"天啊，我赶不上火车了，咋办呀？"无奈中，他背着书包，走在小镇的大街上，<u>②路灯亮了，稀稀落落的人影，凉风吹在他瘦瘦的身上，一股股寒意冻得他连连打寒战。</u>恰好，路旁有间小饭店，挂的彩色幌子在晚风中摇曳着，招摇着。小悟义顿觉饥肠辘辘了。他绕着饭店走了几个来回，身无分文的他，愣是没敢迈进去。隔着窗户，他看到店里生意清淡，没几个人光顾。在那个年代，逛饭店，也是件很奢侈的事情。

❶ 细节描写，写出了当时大哥上学条件的艰苦，为下文作铺垫。

❷ 环境描写，渲染了悲凉的气氛，也写出了大哥内心的失落和孤独。

又过了好长时间，小悟义饿得不行，肚子也"咕咕"地叫起来，最终还是硬着头皮走了进去。起初，他不过想看一下桌上有没有客人留下的残羹剩饭。谁知在腿迈进的那一刻，他就后悔了。他看到，只有一个顾客在吃饭，还有个乞丐待在一旁候着呢。①店主并没因为来者是孩子就冷漠，而是笑脸相迎，这家店实在太需要顾客了。

大哥继续说道："我当时也顾不上害怕了，顺势在靠墙角的桌旁坐下来。我到现在还记得那店主的模样，头戴一顶小白帽，肩上还搭了条白毛巾，他笑呵呵地注视着我。他问我想吃点什么？我就问，啥最便宜？店主说，素面，八分钱一碗。"

"什么叫素面？"我不解。

"就是清汤面呀，没有肉，只漂几片葱花的那种。"悟义大哥说。

清汤面很快就上来了。②小悟义顾不上多想，低下头就狼吞虎咽起来。我眼前浮现出当时的场景：一个小男孩儿，在店主的眼皮底下，忐忑不安中吞吸着稀溜溜的面条，似乎在等候着即将到来的"审判"……

果然，店主生疑了，站在不远不近处紧盯着他。结账的时候到了，小家伙果然没有钱。"原来，你想吃白食呀！世界上，我还没有见过一个吃白食的人呢？"店主横眉冷对，最后，摆给小悟义两条路：一条是扣留于此，让家长来赎；一条是告诉学校，让校长处理。无助的他绝望了，泪眼蒙眬，怎么解释也没有用，只有待在店里听天由命了。

❶ 交代了店家生意冷清的情况，让下文情节更加合理。

❷ 具有画面感，生动写出了小悟义的饥饿。

他说:"就在这时,那个乞丐朝我这边走过来,我想,我完了,连要饭的都来看我笑话了,我真想一头钻到桌子底下。我万万没想到,^①那个乞丐却径直走到店主跟前,用那脏兮兮的手从贴身的口袋里掏出揉得皱巴巴的一角钱,说:'我替那孩子交了!'也就在那一刻,我的眼泪夺眶而出,哇的一声哭出声来。"

❶ 细腻的动作描写,突出了乞丐的善良,催人泪下。

店主也被乞丐出人意料的举动惊呆了。直到乞丐大声道:"找钱!"他才返过神来,掏出两分钱,交到乞丐手上,目送他眼中的叫花子扬长而去。小悟义也愣住了,好一会儿才醒过神来,追出门去,但大街上早就没了乞丐的身影。他就呆呆地站在夜色里,顿时感到吹过来的凉风里,竟夹杂着一丝绵绵的温暖。^②一个守候在顾客旁边等候施舍的穷人,一个舍不得花一分钱吃饭的乞丐,却在一个孩子万般无奈之际,出人意料地施以援手。那皱巴巴的一角钱呀,在今天掉在地上也许都没人捡,可在60多年前,却显得格外珍贵。八分钱一碗的清汤面啊,若放在今天,用一万倍的钱都买不到的。

❷ 从这句话里可以看出乞丐是一个非常有爱心的人,他自身也是一个弱者,想等待别人的施舍,但是出于对悟义的同情,主动帮助。

"那后来呢?"我问他。

悟义大哥说:"后来,我母亲听了这件事,眼泪一下子就出来了。她从箱子底掏出五块钱交到我手心,让我留着当零花钱,想吃啥,就随便买啥,还对我语重心长地说,滴水之恩,当涌泉相报,这一辈子,你都要记住你的这位恩人。从那天起,我每天都揣着那五块钱,在上下学的路上,寻找那位乞丐,却再也没有见到他。我甚至多次趴到那家饭店的窗台,朝里面张望，也都失望了。我曾想，等我日后有了钱，我也一定像那位乞丐一样，不屑锦上添花，只愿雪中送炭，做一个好人。"

"做一个好人。"他说得多好啊。亦如著名作家梁晓声呼吁中国社会要提倡好人文化，他在长篇小说《人世间》里无时无刻不在书写着人性里的善良一样。他说："我们需要好人的存在！好的文化会有许多的标准，其中最重要的一条，就是关于好人。好人最重要的一条标准就是善良，这是根。秉持着善良这一点，对许多事情的判断都不会那么复杂，变得相对简单了。我们希望有一天，做一个好人能成为生活幸福指数的一部分。"《人世间》是梁晓声老师的又一力作，是中国人五十年的生活史。这部新现实题材的史诗级小说，上中下三部 115 万字，从 1972 年讲起，讲的是北方省会平民区里周氏一家三代、十几位平民子弟跌宕起伏的人生，作家梁晓声倾力创作了将近五年时间，荣获第十届茅盾文学奖第一名。① 我的悟义大哥人缘极好，他和高洪波、张锐锋、巴根等名家都是好友，梁晓声老师还为他获得"中国散文年会一等奖"后颁过奖。只可惜，他不知道自己去世后，2022 年的春节期间，根据这部小说改编的电视剧《人世间》热播，观众"看一集，哭一集"，其海外播映的版权已被"迪士尼"买走，这是梁晓声"好人文化观"的集中体现。那么，什么样的人才是好人呢？也就是说，不论在任何时代，尤其是在特殊年代，都需要好人多一些。换句话说，好人作为推动社会进步的个体，可以阻止时代向不好的

❶ 作者用具体事例来说明大哥的性情和成就，增强了文章的真实性。

方面倒退。在这里，梁晓声所说的好人并不是老好人，而是他自身是有文化、有知识、有价值观的。

那碗清汤面的故事，很多朋友都深深记得，有人写成了文章，有人写成了歌曲。甚至于，悟义大哥还创作了一首歌词《流淌的真情》，其中有这么几句：① "爱如滴滴春雨／枯黄的小草也能发出新绿／爱是一股清泉／苦涩的日子也能变得甜蜜／有支歌我们怎能忘记／每一个音符都是爱的旋律……" 不久前，央视综艺频道《天天把歌唱》栏目播出了这首歌，由曲丹和汤非演唱。这是后话。

❶ 引用歌词，体现了大哥丰富的文化底蕴。

离开山西老家 60 多年的大哥，对于面的那份情感，比我更重。

返回北京城时，我们没有坐高铁，由小安负责开车，500 公里路程，他一口气开了五六个小时。② 一路上，悟义大哥还在担心会不会迟到，怕影响了晚上的饭局，毕竟又是他做东请客，去晚了，不合适。车过河北保定，他问我春节和他们去三亚过年吧，那里，他买的有房子，朋友多，气候暖和，海鲜随便吃。我笑笑，说到时候再说吧，年底要赶前两期杂志的出版进度，不一定走得开。他叹了口气，说："忙点好啊。等你忙完了，别忘了跟你哥打电话，到时候，买一张飞机票就到了，多简单啊。" 说话间，我们的车紧赶慢赶，到达北三环的那家安徽菜馆时，还是已经过了晚上六点半。一桌子的人，就差我们四个的空位置了。好在刘建军、萧立军、巴根、赵李红、沈俊峰、华静这些个作家，都是熟悉的，个个不拘小节，一碰杯，一干，再好不过，

❷ 悟义大哥在路上还在担心迟到，这个细节突出了大哥为人非常守时，对待朋友重情重义。

没有什么隔阂啊陌生啊什么的。突然之间，"呼"一下，好像是小小的包间热闹了起来，喝酒进入到东周列国混战的时代。① 酒至高潮处，作家巴根头顶一个小酒杯，一边唱，一边跳起了蒙古歌舞，后来，华静和刘建军老师也开始表演诗朗诵……在这个北风呼呼的严冬，室外零下十来度，我竟然能感觉出盛夏般的火热。

然后日子飞逝，然后年关将至。单位杂事多，我果然没有和他们成行，一直忙到春节放假，活儿还没有干完。

不想，2019 年 2 月十几日吧，春节刚过，就收到了"老乔癌症，住院化疗"的坏消息。上次，他得的是肺癌。这次，是淋巴癌。淋巴癌最夺命，一般从发现到去世只有两三个月时间，这这这，怎么可能？但是，这消息，来得又是那么千真万确呀！后来，听韩华秘书的哭诉，② 我才知道我亲爱的悟义大哥突发疾病，于腊月二十九从三亚飞回北京，直接住进了清河医院。发病的前一天晚餐上，悟义大哥还强撑着病体，请几个朋友吃饭，还谈笑风生呢。乃至联想到我们的山西老家之行，他在冥冥当中，莫不是已经有了一种不祥的预感？一个堂堂七尺男人，应该承受多大的身体病痛和精神压力啊！

我和爱人去清河医院看他。

下午三点，重症病房门口，人少了些，悄悄询问护士可否进去探视病人，护士看了看手表，说再过五分钟，不过和病人要少说话，他需要休息静养。五分钟后，护士开了一道门缝，示意我们可以了。我们的

❶ 外面的天气虽然很寒冷，但挡不住人们心中的热情，作者通过对比突出了聚会气氛的融洽。

❷ 悟义大哥刚从三亚飞回北京就直接住进了医院，说明了他病情的严重。

心提着，小心翼翼地走进一间特护病房，门开着，掀开帘子，就看见了我日思夜想的亲大哥。他拼命挤出一脸的笑，却难掩万千痛苦和疲惫不堪，弱弱问我："老弟，通州离这里那么远，你们还专门跑来看我？打个电话不就行了，你们看看，我多大点事儿啊！"说完，还一个劲儿地上下挥动着两只胳臂，强装一副20出头的棒小伙子状。我慌忙从椅子上站起来，悄声说："别动别动。大哥，你还是半躺着和我们俩说话吧。"① 他方才背靠着墙半躺下，轻描淡写般，说起了他的三次病危抢救经过。最厉害的一次，他疼得死去活来，呼吸极其困难，昏死，醒醒昏昏，迷迷糊糊，他恍惚里，看见了山西老家的那个小院子，他爷爷叫他的名字，他奶奶叫他，他爹叫他，他娘也走过来了……他说："都来啦。我，就是不答应……我害怕一答应，人就醒不过来了。"我窝着两眼的泪，不敢接他的话茬儿。

医生和病人家属在为"要不要给病人做喉管切开手术"的问题争论不休。他的女儿丽慧、儿子丽博坚决不同意做这个手术，因为手术一旦做了，病人接下来的免疫力将更低，危险系数太大，小命难保。但是不做的话，病人眼前就挺不过去，怎么办？老天保佑啊，悟义大哥突然醒了，病情，竟然出现了令人不可思议的稳定状况，莫非是回光返照？晚饭时间到了，他吃了一碗家人专门送来的刀削面，最后跟老伴贾艳彩说：② "你赶快叫孩子们来这儿，我要立遗嘱！赶快去！"人，"呼啦"一下到齐了，儿子儿媳、女儿女婿、孙子、外甥等等，30多人哪，跪了满满当当一屋子。在他说出"我

① "背靠着墙""半躺"可以说明大哥的身体非常虚弱，而他还在轻描淡写地讲述抢救过程，体现了他的乐观、坚强。

② 通过这句话能够看出大哥对自己的身体状况非常了解，他清楚自己的时间不多了。

马上要回老家，找我爹我娘去了"，下面顿时哭声一片，盖过了他后面的话，记录者只好停下来。等哭声弱了许多，他才开口继续讲，一条一条的，像是背课文似的，自顾自地说着，记录者记着。他跟我和爱人说："从头到尾，只有我一个人不哭。我不能哭。一哭，话，就说不成啦。"立完遗嘱，他算是完成一桩大事，无比清醒地说："我这一辈子，繁衍出这一屋子后代，打下这一份家业，值了。穷人富人，谁最后不是一个死呢？从现在起，我把小命交给老天爷了。"

他的小命，一秒钟一秒钟地倒着数，都在老天爷的手心里攥着哩。一丝一丝的病痛，从每一个细胞里、每一道毛细血管里、每一条皮肤的褶皱里钻出来，撕扯着他的身体，试图要摧毁他的意志力。疼得最受不了了，没人的时候，他紧紧咬着牙，在病床上翻来覆去地打滚儿，疼痛从头到脚地跑出来，"嗷嗷嗷"地大声叫喊着，实在是，没办法忍，他的牙齿一个劲儿颤抖着，"娘，我的娘啊——"从两排牙缝里挤了出来。那得多疼啊！可是，我的悟义大哥他是那么轻易被打倒的吗？这时候，看着他木然憔悴的脸，我爱人很心疼地问他："乔总大哥，疼吗？"他笑笑说："弟妹啊，说不疼那是假的，咋会不疼呢？整夜整夜地疼，分分秒秒地疼……不过，我有抗疼的秘密武器。"手一指病房内靠窗的一角，摆放着一张小方桌，上面铺了一块毡布，还有笔墨纸砚，原来，他是在练书法呀！他得意洋洋地说：① "一疼，我就练书法，用毛笔写，有时候还拿医用棉签写，什么隶书草书楷书篆书啦，什

❶ 精神上的满足可以抵消身体上的痛苦，这里体现了大哥对书法的热爱。

么王羲之赵孟頫颜真卿米芾啦，我想临谁就临谁。临来临去，还是隶书好看，你们看，我已经写了90多幅隶书书法了。一写起来，就是几个小时，什么疼不疼的全都忘得一干二净了。"我问他："你写这么多，将来要开书法展吗？"他笑了："还是老弟知道我的心思。等我出院以后，不仅办，还要办好，把好朋友们全都请上！"他呀，幽默惯了，豪气惯了，这一刻，好像原来的乔悟义又回来了。

他后来化疗的阶段，也是我们比较担心的时候，但是没办法呀，只能发微信、打电话问候。他呢，还不忘我这个小老弟，不忘他的这帮子好朋友，^①他每天早上醒来，必须群发一张"早上好，心情好""万事如意"之类的微信图片给大家，希望每个人一整天都快乐幸福。他喜欢交朋友，请朋友们聚聚，看似很多，其实他早已经在心里过滤掉一大半了，剩下的，没几个。他说："我这一辈子遭难啊，当过兵，下过海，创过业，员工有5000多人，资产几十个亿，被人抬举过，也被人绑架过，几番生死，大起大落，但是关键的时候，靠的都是朋友帮我。朋友多了路好走，这话，太经典了。所以啊建伟老弟，我认下的朋友，都是真朋友。我跟谁好，就会一辈子跟他好。"寥寥几句，我记得牢牢的。

2019年11月22日，早上7点11分，我在朋友圈读到一条36字怀念微信，得知他21日晚上因肺癌、淋巴癌去世的噩耗。^②当时，一下子蒙了。给他的秘书韩华打电话，一句话还没问呢，自己却哭得一塌糊涂，反倒是他喊话劝我别哭别哭，我才稍停了会儿，韩华

❶ 大哥自己虽然身体欠佳，但仍不忘给他人送上祝福，体现了他对亲人、朋友的爱。

❷ 描写"我"得知噩耗后的表现，突出"我"对大哥的感情之深。

说："乔总走得急啊！下午五点多一点，我陪他老人家在医院楼下散步，原本，我们想六点钟偷偷拐回租的住处，上楼吃一碗山西刀削面呢。哪想到，他突然开始大口大口地咳嗽，拼了命地咳嗽，后来，一口痰就堵在喉咙眼，我看见他的脸一下子憋紫了。我就赶快喊医生，喊护士，紧急抢救，不料后来，他老人家还是走了……"他大哭，嘶哑着说，"我20出头就跟着他，跟了10多年了，他待我，真的就像亲儿子一样啊。这临走了，竟然连一口面都没有吃上，都没有吃上啊……"手机两端，我们哭作一团。我知道，①我的悟义大哥出生在贫穷的农家，却一辈子不服输，在内蒙古偏僻的科尔沁草原拼出了自己的大事业，他这轰轰烈烈的一辈子，可谓传奇，可谓辉煌，算没白活，落在纸上，浓缩成了三百多个汉字：

❶ 在这里简要概括和总结了乔大哥一生的成就，体现了他辉煌的一生。

乔悟义，男，汉族，中共党员，祖籍山西清徐，内蒙古源源集团董事长，全国五一劳动奖章获得者，中国作家协会会员，中国音乐著作权协会会员，内蒙古书法家协会会员，于2019年11月21日21时10分在北京因病逝世，享年71岁。

著有散文集《感悟》，创作了《我是一条小河》《山水恋情》《华夏之春》《鸿雁湖》《劳动赞歌》《最美世界》《知秋》《愧疚的陪伴》《想你就能梦见你》等大量歌词作品，被布仁巴雅尔、王丽达、王洪波、赵云红、付笛生、任静、刘大成、李青、郭欢、阿木古楞、汤非、小春、曲丹、刘跃强等歌手演唱，其歌曲作品多次在中央电视台、辽宁卫视、黑龙江卫视、内蒙古卫视、吉林卫视、青海卫视等媒体播出。曾荣获 2018 年、2019 年中国散文年会散文奖、内蒙古"五个一工程"奖等。

这人世上，恐怕只剩下"乔悟义"这个名字。他太拼命了，他太为别人着想了，他要办的事情太多太多了，他太累了，没有办法，乔悟义的故事全都结束了，剧终。

❶ 通过描写乔大哥葬礼的隆重，侧面体现他巨大的人格魅力。

他的葬礼，^①我因为害怕过度的悲痛没有参加，听说有几个朋友驱车千里送他，还听说他的灵车绕城一圈，有人念他种种的好，有人念他的善，有人说他是自己的恩人，哭晕了过去，万人相送啊，一直送到市郊 30 里之外的一处山坡上。

❷ 以两人的感情类比汉唐诗人间的性情，突出"我"与乔大哥知己知彼的关系。

想来，^②我和悟义大哥的感情，当属于古代汉唐诗人之间的那种性情，放歌草原，胸怀大海，开怀畅饮，扶醉而归，最快活。当年，面对故人西去，中唐诗人韦应物写下了《三月三日寄诸弟兼怀崔都水》："对酒始依依，怀人还的的。谁当曲水行，相思寻旧迹。"我，也是和韦应物先生一样的，梦里头，时常碰见某个好像兄长的人，看不清他的脸，一句句一字字，说着这样那样的笑话，可就是，一下子叫不出他的名字，猜不出他是谁，一直猜到梦醒。他呀，快乐的君子，"乐只君子"罢了。要不，怎么会腾云驾雾，别我们而去呢？

有时候，我会在中国地图细细寻找"霍林郭勒"，然后呢，寻找"清徐"和"太谷"，最后，会把目光久久停留着"太谷"这个小地方。一次，跟一个河南周口的朋友说起"太谷"，问他知不知道这个县，他在电话里"哎呀"了一声，说："咋不知道呢？太谷人过去都是在山西做大生意的，富得嘎嘎叫，平遥都没有太谷有名哩。可惜，我没有去过太谷县，只是从一些典籍里读到过。建伟，你去过吗？"

我答道："去过。"

他感到非常惊讶，问我："咦，你去哪干啥？"

我说："陪我的大哥回他的山西老家。"① 不由自主地，我把后半句"悟义大哥已去世"的话，硬生生咽进了肚子里。

① 不忍心说大哥已经过世，能够看出"我"心中对大哥的怀恋。

"哦，山西老家，那也是我们的老家啊！"

"谁不知道哇！"

（选自《黄河》2022 年第 3 期）

延伸思考

1.请结合文章分析乔大哥的人物形象。

_____

_____

2.为什么乔大哥临终之际想再吃一碗清汤面？清汤面对于乔大哥而言，有怎样的意义？

_____

_____

_____

最后一碗面

自古以来，人们就教育孩子要珍惜粮食，从"锄禾日当午，汗滴禾下土"里就能体会到生产粮食是多么的不容易。而粮食是人类生活的重要物质基础，"一箪食，一豆羹，得之则生，弗得则死"，也能够从中看出生命离不开粮食。在这篇文章中，作者给我们讲述了一位农民平凡而伟大的一生。

❶ 文章开篇用一问一答的形式给大家讲述了粮食的意义和作用，直接点明了本文的主题。

① 粮食，意味着什么呢？中国人讲，"民以食为天"，"有粮天下安"，祖祖辈辈食大地庄稼，食五谷杂粮，也就是南方人吃米、北方人吃面，皇天后土，高天弦歌，几千年来都这样活着。

不由想起了一个山西老人。

他是地地道道的山民，家里很穷，妻子死得早，一个人养育一儿一女，一把屎，一把尿，饥一顿，饱一顿，地里的庄稼顾不上收，顾不上种，他就等忙活完家里的，再去忙活地里的，常常是全村里的最后一个收、最后一个种的那一家。一晃，儿子都考上大学了，女儿成家、子孙绕膝玩耍了，他还是一个人。为什么不再娶一个老婆呢？事实上，他一直在托媒人帮自己找老婆，媒人也挺上心，但是女方们接二连三到他家里一看，"噗"，满肚子对他的好感全都泄了，一是嫌他借下的一屁股债，吃了上顿怕是没下顿，二是嫌他的孩子们拖累，三是怕填不满他们家那个穷窟窿。一辈子的路啊，似乎永远也走不到头，看到的，都是黑漆漆的未来。这媒呀，每一次都是有头无尾，说不成，完了，还撂下一大堆理由。找着找着，他就老了。①痛苦，就这么被老汉硬生生地砸，砸成了一分钟、一秒钟的日子，一小块，一小块，好像整个一个大冰块被砸碎，碎成了许多冰碴碴儿，太阳一照，就融化了，化成一滴滴的水，最后晒干了，什么都没了。

在寻找他另一半的问题上，他彻底死心了。乡亲们纷纷劝他，说娶不到老婆怕啥，说她们白长了一双眼，如果你儿子、你闺女两家将来日子混得好了，个个有出息了，看看她们眼红不眼红？他笑笑，觉得有道理，也有了安慰，收了心，一门心思地种庄稼，干农活。②儿子后来在县城上班了，贷款买了房，让他搬过去住，他舍不下老屋和几亩地，就没去。儿子的工资太少，一年到头，攒不下钱，一下子养活不了自己家三口人，干脆就和媳妇一起到北京打工去了。女儿一家人也去了北京，当起了"北漂"，日子过得比以前强一点，但也没有强到哪里去，但女儿孝顺，时不时邮寄一些北京的土特产给他，还打电话问问他的对象找到没有，

❶ 作者把无形的痛苦有形化，把痛苦比作一大块冰，富有新意，也易于读者理解。

❷ 儿子贷款买房让父亲搬过去住，突出了儿子的孝顺。

161

替他干着急。他也理解儿子、女儿，他们两家子过日子也挺不容易，整日里东奔西跑，黑黑白白的，起码得先顾住他们几张嘴，唉，当爹不易啊！想想这辈子，老人养儿育女，吃了那么多的苦，可是老了老了，还是光棍一条，老天爷凭什么这么对他？在穷得乱臊气的山旮旯里，老了就老了，你什么都甭想，想也没有一个人搭理你。

① 当爹不易啊！这么说来，天底下，哪个爹当起来容易呀？自己当年容易吗？他就开始生闷气，气性一天比一天大，骂儿子，骂女人，使坏撒气，好吃懒做，其实是自己糟践自己。他的脾气见长，性格易怒，暴躁异常，到头来受害的都是他自己。② 后来，他果然病倒了，瘫痪在床 12 年，大把大把地吃药，好像吃糖豆一样，儿子和女儿两家人轮流伺候。他臭毛病不改，依然骂儿女们，吃得再好也骂。都说"久病床前无孝子"，儿子、儿媳妇嫌弃他，女儿、女婿嫌弃他，孙子外甥们也嫌弃他，人人心里诅咒他早一天死，死了，一了百了，可是，没有一个人想象到老人的苦。当爹真的是不易啊！麦子绿了黄了，然后割了收了，一大片一大片哪！果然，老人有一天早上就死了，临死前，他的神智突然异常清醒，两眼炯炯，挣扎着半躺在床柜旁的身子，说："今天的天好，特别想吃一碗山西刀削面。"他的儿媳妇就去厨房做，面做好了，一股股新麦子的香气翻卷着扑过来，一下抱住了老人的胃，狂吻着他的舌尖。好香啊！③ 他两手捧碗，使劲咽下去一口唾沫，深深憋足了一口气，嘿，眼一眯，头一低，飞快地舞动筷子，"呼噜呼噜"

❶ 描写他的心理活动，他心中有了怨恨，才会有下文的一系列行为。

❷ 吃药和吃糖豆做类比，突出他病情的严重，为下文他的离世作铺垫。

❸ 动作描写，传神地写出他吃面的场景，表现了他对山西刀削面的喜爱。

吃了一碗刀削面，接着喝了半碗面汤，末了，抹了抹嘴巴说："今天的刀削面好吃！"然后就躺下去睡着了。睡着了，睡着了，就再也没有醒过来。

这个老人，是我一个朋友的老岳父。提起来这个老人，朋友好像憋了一百年的委屈似的，一个劲儿地说着老人的这不是那不是，如何变着法儿地气他和他老婆，吓得晚辈们没人敢走近他，但是没有办法，谁让他是他老岳父呢？老人60多岁的时候，被打工的儿子从山西接到北京，他躺着看到了北京城是什么样子，接下来的12年，躺着对抗着他痛苦不堪的命运，他死在73岁的路上，值了。漫长的生活无休止的奔波劳碌，折磨你，摔打你，成就你，也湮没你。我没有参加老人火化前的葬礼，只是午后，见到了他的儿女、孙女、外甥、亲戚们，他们①强装笑颜，内心却大痛。是啊，他们在念叨老人种种的好，如果没有老人，怎么会有这么一个大家庭呢？

❶ 心里不畅快，但脸上勉强装出欢笑的样子。

老人的遗言，竟然是那句"今天的刀削面好吃"，他生命最后的那碗面——热腾腾的、油辣辣的刀削面，成了这个中国老农民到死都惦念着的东西。

我也不知道怎么会写到这个老人，乃至于今天的这时刻，仍然泪流不止。②故乡大地山河，爹娘大地粮食，这些，都是流淌着我们血脉里、骨子里的东西。死了，我们还是要睡到大地里去的，变成一块块肥沃的土壤，唤起粮食们生长的热情。

❷ 首尾呼应，写出了土地和粮食对人的重要意义，升华了主题。

（选自《散文选刊·下半月》2017年第8期）

 延伸思考

1. 本文采用的是第几人称叙述法？有什么作用？

_____

_____

2. 作者为什么以"最后一碗面"为题？

_____

_____

水墨色的铜钹山

名师导读 ▶

　　铜钹山位于江西省上饶市广丰区南部，属武夷山脉东段北麓，自然风光极美，依山傍水，能够看到蓝天白云在河中的倒影，仿佛天水一线，非常治愈人心。清代诗人徐兆伦曾为铜钹山赋诗："兀傲东南第一峰，半开灵境白云中。"在这篇文章中，作者按空间顺序写作，移步换景，描写了夜色中的铜钹山，仿佛一卷徐徐展开的水墨画。

　　这当儿，山顶上的云急急地飘过来，白墙黑瓦的，什么都看不清楚，对面呢，也看不清人的脸。

　　通向渡口的路上，没有一丝灯光。晚饭后，我们这群山外客在手电筒、手机屏的灯光提醒下，一个个埋下头在山坡之间找着路，一阶一阶地下，掖着神、藏着气，生怕一个错步子走偏了，人就滚落下去，煮饺子似的突然不见了。① 山坡并不像别处的山坡，坡是一整块大石头，大石头喝饱了露水，踩上去湿漉漉的，

① 作者从视觉、嗅觉、触觉三个方面对山坡的环境作了非常细致的描写，语言灵动活泼，富有诗意。

165

露水随便一打滚呢，像极了驴，裹了一层薄薄的尘土，一哈气，大地上的土腥气四下飘散，和云和雾在一起飘散，通了肺腑，通了心灵，一如天籁中一枚水晶里的一滴水。

静，寂静，不约而同中的静……世界原本就是这个样子。一步，下一步，再下一步，我们的脚终于探到了水尾的岸边。

九仙湖的水尾，是十五都港，港对岸的小村子就是我们刚刚吃饭的地方，叫"猴拴台"，九户赖姓人家。小村子非常原生态，几乎家家都在开一种叫"农家乐"的小饭店，卖山里土菜，卖山珍野味，也卖自家酿制的米酒和杨梅酒，细细打听，原来家家的饭店又都叫"水云间"。[①] "水云间"与世隔绝，往来只有靠水路，比如山外的客在这边吃完，要到对岸的那边，这中间，还要撑船过去，一日三餐，天天坐船，游山水吃大餐，浪漫加野味，看来这等福分不只是古人独有了。

云越压越低，没有星星，没有月亮，墨水浸染的夜，说不出来的孤独感。雾气也大，一股一股，一丝一丝，一滴一滴，凝结在一起，纠缠在一起，扑打在我们的脸上、身上，放肆地学着驴打滚儿，抓也抓不住，就融化了。几乎同时，所有的灯光都消失了，所有的耳朵都在聚精会神地听，捕捉来自水面上的哪怕一丁点响声，桨声，手动声，咳嗽声，包括呼吸声，闭上眼睛想象白天里的铜钹山一草一木，想象墨色里该有一幅迷人的山水画啊。其实，铜钹山的闻名，不在于闽、赣两不管，不在于山高皇帝远，主要是一个"禁"字，

❶ 偏远的"水云间"交通不便，作者却能感受到"游山水吃大餐"的快乐，体现了他乐观豁达的心态。

自唐末，一禁千年。铜钹山的故事，由一个猎人和一群梅花鹿组成：<u>①大概四五千年前，一个猎人上山打梅花鹿，结果被聪明的梅花鹿们识破，几次都逃脱了。在追赶中，猎人误入千峰竞秀、美如仙境的铜钹山，梅花鹿群中有一只母鹿，摇身变成了一个温情脉脉的仙女，最后和猎人拜堂成婚</u>……就这样，时间永远定格在最幸福最甜蜜的那一秒！不快进，也不快退，只有暂停，多好啊！

❶ 介绍了关于铜钹山的神话传说，体现了丰富的文化底蕴。

事实上，只要我们不睁开眼睛，想象就成了真的，梦就成了真的，幸福和甜蜜就成真的了。

但，终究还是要睁开的。一刹那，我吃了一惊："原来,这世界,可以是水墨色的呀！"真真切切的,这景致,满眼的墨色，接近黑，接近灰，接近云雾，接近混沌，一眨眼，又什么都看不见了，消失了，黑了。黑得吓人，伸手不见五指，没有一个人在呼吸，没有一丁点响动，一晃，好像过去了一两个世纪。眼睛是绕不过时间的，恐惧是绕不过去的，躲也没有用，干脆不躲，比如直视，朝前直视，时间长了，<u>②你会发现世界不再那么黑了，不再那么灰了，宛如一滴重重的墨在幻化开来，宛如一滴水在幻化，世界就不是原来的那个世界了。</u>你会知道，世界在水之上，在山水之上，在想象之上，墨水宛如一朵花，正在一点点打开，有风姿，有节奏，浅浅淡淡地打开……我突然听见，"哐啷"，许多花瓣的门被沉沉关上了。

❷ 作者运用比喻的修辞手法，把黑夜中的世界比作墨在慢慢扩散和水滴在慢慢幻化，形象地展现了世界的变化万千。

这世界，重新坠入了黑，恐惧无边无际袭来。

这世界，望不见尾，也不敢望，只能靠我们的耳

① 语言优美，虚实结合，突出了世界的静谧。

② 通过一连串的问句表达强烈的情感，所有声音已然消失，只留下寂静的世界。

朵了。我发现，①古老的九仙湖沉浸在一滴墨黑里，长长短短的声线从耳朵里抽出来，好像潜伏很久的天线四下散开，探出小脑袋，身姿摇曳着，夸张着，搜索着全世界所有的声音，但似乎一切，都是在徒劳。黑暗中，一只手慌乱间抓住了我，那手在哆嗦，越哆嗦，抓得越紧，分不清是谁，我们的手像胶水似的粘在一起，掰都掰不开，黑暗就这么来了，所有的灾难就这么来了。有那么一瞬间，我们的耳朵贴着九仙湖的水面在飞，水面上的响动都似乎在想象中，在对声音的捕捉、辨别和归类中，在细致入微的恐惧中，其实我们要做的都是徒劳的，什么声音都没有，真的没有。我们的手一直在哆嗦，翻来覆去，翻来覆去的，说不出来的一种艰难和绝望，那些光亮可以没有，但是，②黄昏那些跌落在铜钹山的声音呢？那些对岸的水泥台阶上的皮鞋声呢？那些红军岩下盘山公路上的车鸣声呢？那些遗失在石卵道上的喘气声呢？那些手搭凉棚喊山喊水的"嗬嗬"声呢？那些声音呢？此时此刻，我不知道它们都躺在该躺的地方睡着了，小宝贝们似的，安静地睡着了。

我们都好像睡着了，乃至于那只船怎么来的，怎么不动声色地拴在了"猴拴台"码头，我们都不知道。我和那只手哆嗦着，在船老大的牵扯下，一步步上了船头，捡了船舱中间木板上一块空地方，坐上去，不料船身朝我们这边倾斜得厉害，有人就开始慌乱，惊呼异常，乱了章法。船老大说："别叫别叫，随便找空地方坐下，等船舱坐满了，船就不晃荡了。"果真，黑暗里，三五下，船舱就满了，也不晃荡了，可见人生的平静或慌张，全在一句话。

水墨色的九仙湖上，摇橹的赖家老大点起了一支香烟，红红的一点开始在水波里荡漾，我们的手不知不觉地松开了，一个个随着水波荡漾，①从想象中的山势判断，两岸的铜钹山正在朝身后竞走，美丽的山峰们正在云雾间起起伏伏。那人从我的右侧站起来，右脚踩着左脚，船身稍稍漾了一下，紧接着平静如初了，那人放心地走到船尾，接着又凭着感觉，左脚踩着右脚，向赖家老大的方向走去，后来的情况连我分不清了，那人到底是谁？那人到底站在了哪里？有人开始发手机短信，有人开始说笑，还有人，在和赖家老大高一声低一声的，打听着山里的野猪野鸡怎么打了。我也想发手机短信，但是对着天发了几次，都没有信号，只得作罢。

五分钟吧，我们的船就靠了岸，早有一束手电筒的光亮照射过来，照住了船头、缆绳和我们的脚。亮光下，脚寻找着步，人寻找着人，一拉一溜儿，十二人，等全都踩上这边的水泥台阶了，船又掉了头，去接"猴拴台"的下一溜儿，我们发现，光亮忽然之间又消失了。

爬完了所有的水泥台阶，是一条修长修长的盘山公路。一抬头，是临山而建的几栋小楼，楼前有一大片空地，可以停车，楼里闪烁着点点灯花，我知道现在，我和他们已经实实在在地走在了铜钹山大地上了。

②大地上的土腥气重新流淌在我们的血管里。就像那些喝饱了水的石头、学着驴打滚儿的露水一样，

❶ 环境描写，突出表现了山峰在云雾间的若隐若现，意境优美。

❷ 九仙湖之旅陶冶了"我"的性情，此段表现出"我"洗尽铅华、返璞归真的精神状态。

尘土总会记住我们每个人身上的土腥气，总会把我们在天亮以前一个一个叫走的。

水墨色的铜钹山，水墨色的路，什么时候，我们才能变成一粒粒回家的尘土？

（选自《散文选刊·下半月》2010 年第 4 期）

延伸思考

1.分析文章的最后一段为什么以反问句来结尾？

_____

_____

2.铜钹山的水墨色体现在哪里？

_____

_____

海钓时，鱼原来认识我

▶ 名师导读 ▶

　　海钓在西方国家已经有上百年的发展历史，它和高尔夫、马术、网球被称为四大贵族运动，现在越来越多的人喜欢享受海钓的乐趣。作者虽然很喜欢海钓，但是从来没有钓到过鱼。这一次，作者鼓足勇气，向有经验的人请教海钓的技巧，他是否会有收获呢？

　　①从小到大，鱼好像都认识我似的，爱吃钩，爱逃，逃得轰轰烈烈，一条也不剩。更可气的是后来，有些鱼竟然吃得理直气壮起来，反复吃鱼饵，反复逃跑，每次都假模假样挣扎，再一脸坏笑着跟我说"拜拜"。唉，窝囊！

　　这年夏天，我自感钓历颇丰，再说鱼已换了七八代，没有几条认识我了，就和一干人等驱车大海边，雄赳赳地去海钓。忽地，就想大海里的咸水鱼，跟认识我的淡水鱼不属于一个水国，等于说，所有的咸水鱼都

❶ 开门见山地写到了自己之前钓鱼的结果，语言风趣幽默。

171

不认识我。"哈哈",一高兴,忘了车外的桑拿天,迎着小车的空调风老打嗝儿,美得冒泡泡,自己都不知道自己是王老几了。

我们乘船出海。上午9点,驶进一片无人岛海域,停了船,熄了马达。船家二男,中年老年,皮肤黑红,说话间,开始给我们分发东西,有渔线、鱼钩和鱼饵,但没有鱼竿、鱼漂,为什么呢?一人说,海上风浪大,要鱼漂没有用。一人说大海里的鱼个大、劲大,容易把鱼竿折断,全凭手感。我们不信,却一个个迟疑着接过了渔具,在船四周各自寻找钓鱼的位置。两个人也不管别人信不信,发完以后,就坐在船尾聊天,时不时地偷看我们海钓。

①我是最后一个上阵的,要渔具,要鱼饵,问要领,问得两个人都不耐烦了,还问:"我笨,能钓到海鱼吗?如果钓到最大的鱼,有多少斤?"两个人面无表情,自顾自地抽着闷烟,半个字都不吐。正郁闷呢,有一女士惊呼一声,一条四指长的老虎鱼飞出了水面,一个说:"你看人家,不是钓上来一条了吗?"我的心一凉,才不足三两重啊!可是一想,只要今天能钓到它,哪怕一条也算我破纪录了。又想,说不定我钓的个头比她的还要大,干吗不甩钩一试?手哆嗦了几下,线就甩出去了。比起他们来,我甩得不专业,线有点偏向船边,要是再甩远三米就好了。不过,渔船虽然停止不动,但并不是一点都不动,船身随着海浪还是有一点点移动的,这样的话,线和钩与船身的位置忽远忽近,就不是什么问题了。

❶ 在开始钓鱼之前,"我"要了渔具和鱼饵,并且向有经验的人寻求方法,通过这个细节可以看出"我"的准备非常充分。

①我紧紧盯着线的晃动，发现不靠谱，立即拉了拉那线，直到左手感觉到线的重量的存在时，方才停止了拉的动作，傻乎乎地等着鱼们上钩。等待是一项功夫活，我想世上除了谈恋爱，没有谁愿意忍受它的折磨。好在我正昏昏欲睡的当儿，感觉鱼钩好像动了一下，我顿时一个激灵，两眼瞪得贼大，一万条神经集中在了那根线上，可什么动静都没有了。我有点怀疑刚才是不是幻觉，怀疑下面的鱼认出了我，这距离故乡几千公里，怎么可能呢？等，哪怕傻等，也必须一心一意地继续。终于啊，老天爷开始保佑我了：鱼钩竟然动了起来！而且是连续在动。看样子，下面的鱼不止一条，不止一斤二斤的，是很多很多条呀！它们是不是正在开会研究我的鱼饵好不好吃？怎么个吃法？是男让女、老让少，还是大让小？哎呀，说不定下面围观的，不仅仅有海鱼，还有海螃蟹、章鱼、乌贼，甚至还有大海虾……②万一它们都上钩的话，我能拉得动吗？要不要中年船家帮忙呢？

胡思乱想中，鱼跑了。拉上来一看，鱼钩上空空荡荡，钩和钩的叉开处，沾了一滴水珠，像玻璃一样透明，很好看。但，我看着却感觉一点也不好看。那人安慰我说："第一次海钓嘛，大部分都跟你一样。"这才舒服好多。重新钩上鱼饵，朝老位置甩线，这次，明显比上次甩得远一点点。

也许是哪个小精灵尝到了甜头，刚过10秒钟，线就开始摇动了，很重。③"肯定是一条大鱼！至少二斤！不能让它跑了——"我一边斩钉截铁地想，一边

❶ 这一系列的动作描写，既写出了"我"钓鱼时候的认真，也写出了"我"是一个钓鱼新手。

❷ 心理描写，为下文情节的反转作铺垫。

❸ "我"的想法和现实存在落差，这种落差增添了文章的趣味性。

火急火燎地拉线，拉的过程中，感觉勾上的东西很重，立马心花怒放起来。等拉出水面一看，原来是一团条绒状的草绿色垃圾。一时，船上响起了稀稀拉拉的嘲笑声，声音虽小，不过很刺耳。老年船家却说："兄弟，快要看到'海上日出'了，你只有半步之遥——加油！"这话听起来，如同自己睡觉、别人送枕头，两好归一好，就是舒服。

就有了第三钩，也是 10 秒钟过后，线就晃动了，还没有等我反应过来，手就感觉猛地一沉，鱼咬钩了！"你还等什么？"有人围观，比我还心急。我就开始往回拉线，缓慢地拉，一寸一寸地拉，鱼在拼命挣扎着，我变得更加万分小心，生怕到手的鸭子飞了！拉着拉着，线不再挣扎晃动了，看来这条鱼已经不再做垂死挣扎，屈服于我了。鱼的心理跟人的心理相差无几，"胳膊拧不过大腿"，有意思。

让人①大跌眼镜的是，这条鱼竟然跑了。钩上只剩下半块鱼饵，好像被某个调皮鬼在一个馒头上胡乱咬了几口，就扔下不吃了。我非常生气，这家伙不是铺张浪费吗？老年船家告诉我缘由："鱼可能在拉线的半途中，挣断了上嘴唇，也可能是断了上鼻梁，才逃跑了。"我问老人家："它不疼吗？"老人反问我："是嘴疼一下重要，还是它的小命重要？"我说："怪不得小家伙这么聪明哩。"

接下来的第四钩、第五六七八九钩，我的鱼饵都被鱼早早吃掉，成功逃走，再返回重新吃钩，继续逃走，太不像话了。中年船家说：②"你看看你，也不知道究

① 意思是指对出乎意料的结果或不可思议的事物感到非常惊讶。

② 语言描写，中年船家的话间接说明了"我"这次钓鱼的成果。

竟是钓鱼的，还是喂鱼的呢？"我说："它们好像都认识我。"周围一阵大笑，也难怪，人人都有收获，多的钓12条，少则2条，我纳闷，也不知他们是怎么钓上来的。说说笑笑间，涨潮了，鱼越来越少，都跑向深海去了，游向了未知的深海世界。就收了线，总结起整个上午的战利品，竟有一桶半的大鱼小鱼，老虎鱼居多，也有一些白肚皮、长身段的小鱼，重三两四两的，有人建议午餐时红烧，有人说做成椒盐鱼，还有的说做汤、白灼好吃，中年、老年两个人不停地说"好"，因为大家这一闹，他们又有了午餐这一顿的生意可做。

这天的午餐，在无人岛不远的一家海上餐厅，水波荡漾，人也荡漾，具体都吃了些什么，我们都说不上来了，无非是虾兵蟹将、大鱼小螺，味道那叫一个鲜、一个嫩啊。我们吃剩下的鱼骨蟹壳之类，包括什么汤汤水水，都被餐厅老板倒进了大海里喂了虾兵蟹将，他们连刷锅碗盘子筷子都不用洗涤剂，直接拿海水一冲一刷，干净，环保。其实，他们把虾兵蟹将当成了亲人，他们爱它们啊！

难怪我总也钓不上鱼，原来这些鱼在数十亿年以前，不仅认识我，还知道什么人跟它们最亲，什么人跟它们一样善良。

① 传说，鱼是大海的孩子，我们也是大海的孩子，都是海底世界里一群群最善良的孩子。

（选自《文艺报》2019 年 1 月 14 日）

❶ 结尾点题，说明了鱼儿、人类、海洋之间的关系，深化了文章的中心，揭示人与自然和谐共处的主题。

延伸思考

1. 在海钓之前，作者做了哪些准备？

_____

_____

2. 虽然作者非常喜欢海钓，但是自己没有钓到过鱼，从中你有什么启示？

_____

_____

第五辑 想象一场大雪

　　这样的一个冬天已经悄悄地来了，好像一切都还正沉醉在无边的愁绪之中，树叶就黄了飘了，耳旁的风刀子一阵比一阵锋利，太阳很红很远，天空的浮云却不再那么高淡，一切"哗啦"一声结束了。那么后来，冬天的静穆就不分白昼黑夜地在人们的心房里跑呀跑呀，多少白白亮亮的孩子们呵，一群，再一群，一个一个，笑声多么迷人，这个冬夜的雪花你听见了吗？

【2020年安徽省滁州市黄泥岗中学中考模拟（改编）】

阅读下面的文章，完成下列小题。（13分）

我是妈妈的蒲公英

蒋建伟

①"春天来了，仿佛空气在燃烧。"不知道什么时候起，我时常被这句源自前南斯拉夫的电影《瓦尔特保卫萨拉热窝》的台词所感动，真的有一种想哭的感觉。

②是的，就在我们渐渐长大的青春季节里，另外的一些人也在梦醒之后一茬茬老去，比如我们的亲人故友，比如妈妈，比如很多很多的名字或者称谓，他们（或者她们）正像白白的雪片一样燃烧。此刻，这是一种比死亡更深刻的疼痛，同时这也是一种催生年轻灵魂与希望的疼痛，这就是乡村的一种叫做蒲公英的植物，它常常在梦里唤我们踏上回家的路。

③乡下的蒲公英开得总是很迟。夏暮秋初，绛红点点，不几日便化作了朵朵雪花，经风吹去，我的小小的蒲公英呀离开了妈妈，落霞尽染，如烟如絮般飞满了整个童年天空。这真是一个浪漫得连

梦也想飞翔的季节，我们不仅可以尽情耍泼我们的孩子气，甚至可以感受到母亲分娩时的阵痛和儿女们出生瞬间的巨大欢乐，所有的所有都可以得以释然。所以呢，我们总爱把自己的生日同这一年的花开时刻联系起来，不管对了的还是错了的，反正都是一样的。乃至于来年，乃至我二十年后的某个黄昏还在遐想，哦，蒲公英开了，多么令人神往的永恒一瞬！

④看吧，蒲公英发芽啦！于是，妈妈总会在每一个春天来临之际，扯着我们姐弟四个一边薅草一边感叹。我们认为，这草太纤弱太伟大了，不择地理，野生野长，风一刮土一埋就活过来了，可惜做不得家畜家禽的上等食料。纵使这样，它们也可以有长大的权力，或者说是作为妈妈的权力。我们彼此交流着这种看法，最后只好用眼睛望着妈妈的背影说："时间过得太快太快，妈妈，等我们长大后您就会老了么？"这样说着，我们的眼睛里就流出了两条清凌凌的小溪。妈妈在前头喊："哭啥呢？"我们从后头撵上来说："没有啥的。"回答有先有后，音量高低不一。

⑤二十年一晃而过，所有关于成长的情节可以省略，我们姐弟四人宛如蒲公英似的飞向天南海北，先后成了家，为人母或者人父，妈妈显然也老了许多。后来，妈妈来到县城为我照看孩子，很是忙碌。偶尔闲来，她总叹息自己是老家的蒲公英的野命儿，说什么草木一生啊名利无求之类的聊以自慰。我知道妈妈这辈子是忙碌惯了，而我和妻上班以后满院子没个大人说话，城里的邻居之间来往甚少，妈妈很是埋怨。无奈，我和妻只好忍痛应允妈妈携小儿打道回府，结果时间长了，我们又牵挂起孩子的冷暖来。问过身边的工薪家庭们后方知，你我他（她）都一样，终日为生活奔波忙碌，都是收入不高的难兄难弟，难姐难妹，都是那些远远飞离乡野之上的蒲公英。

⑥很多很多夜晚，我梦见我们都已变成了一朵朵浪漫无比的蒲公英，轻风把我们的影子吹长吹斜，农人端坐在锄把上轻松地吹着口哨，诗人正大声朗读着金黄的诗歌，而大地上的五谷早已颗粒归仓，只剩下几缕青黛色的炊烟还在平原深处四处游荡。我听见好像妈妈在说，那是大平原挥之不去的魂丝，我的蒲公英孩子们就是大平原的后代，他们（她们）就是未来的"春风吹又生"的家和根。接下来，生生死死，在妈妈们和我们的世界里进进出出，年复一年，这无可比拟的苦难，就像马，就像牛，就像大地和老车，除此之外，就什么也不知道了。

⑦一个人就是一个村庄的存在，日夜奔腾的血液可以滋养村庄里所有的蒲公英，给它们以我的血我的泪我的养料。在平原深处行走，我守望着我的村庄里最后一棵蒲公英，遥想比春天更加遥远的国度，只有这些才是我最最美丽的时刻。

⑧世上所有的动物（当然也包括人类自己）的母亲，都有着生育孩子的权利；而对于植物而言，其权力只有"生"而没有"育"罢了。从这个角度讲，我们远比大地上任何一类植物幸运。此刻，我无法想象妈妈如何养育我们时的含辛茹苦，无法目睹雪花覆盖她一头一脸的一刹那，就这样，我们无忧无虑地长大，变老。

⑨我的春天是苏醒的时刻，生长的季节，孩子们也在苏醒并生长着。的确，这需要一种生与活着的勇气，在黄土里找寻自己遗失多年的脸和银子，在月白之夜抢收庄稼的勇气。既然我们把生交给了下一辈人，既然我们又把"大爱"一辈辈传递下去，那么就让他们更好地活下去吧。也许一天，我们的村庄可以衰老，可以从此消逝，但是我们的蒲公英却在越来越多地长大，我们会在他们的谈话中永远活着，会在他们的村庄部落里活着呢，他们记不记得并没有关系。

⑩在平原的深处行走，我成为遗失在春天途中的一桩陈年旧事中。在这个蒲公英发芽的时节，往事会不会落地生根这是后话，最令人感动的是，它会在我们匆促离去之际，被孩子们小心翼翼地捡拾起来，夹到书页中间去。每至黄昏，我的孩子们总会用童谣打开春天的门，小小的蒲公英们便会吐了一冬半春的气息，广诵大平原需要多少个年月日才能诞生的预言！

⑪ 小时候，我们是妈妈的蒲公英，长大后，儿女是我们的蒲公英，如此而已。至于飞到哪里，这似乎并不重要。

⑫ 感谢妈妈，给予我草籽般在大地上生长的一次机会。

（选自《青年文摘》2002 年第 9 期绿版，有删改）

1. 如何理解"我们""都是那些远远飞离乡野之上的蒲公英"这句话的含义？（3分）

_____

_____

_____

_____

2. 文中写到，妈妈"总叹息自己是老家的蒲公英的野命儿"，其中"野命儿"的含义是什么？（3分）

_____

_____

_____

_____

_____

3. "的确，这需要一种生与活着的勇气。"为什么"生"与"活着"也需要勇气？（2分）

_____

_____

_____

_____

4. 作者为什么说我们比大地上的任何一类植物都幸运？（2分）

_____

_____

_____

_____

5. 结尾段表达了作者怎样的思想感情？（3分）

_____

_____

_____

_____

名师带你读

想象一场大雪

名师导读

　　从古至今，关于雪的诗句和颂歌层出不穷，如"梅须逊雪三分白，雪却输梅一段香"便为我们展示了大雪和梅花竞相争艳的场面。在这篇文章中，作者通过想象写出了在大雪纷飞时候的所感所想。寒冷的冬日，唯有故乡的酒能缓解心头的寒冷。

---

　　① 渴望更大的寒冷，渴望天下大雪。

　　这样的一个冬天已经悄悄地来了，好像一切都还正沉醉在无边的愁绪之中，树叶就黄了飘了，耳旁的风刀子一阵比一阵锋利，太阳很红很远，天空的浮云却不再那么高淡，一切"哗啦"一声结束了。那么后来，冬天的静穆就不分白昼黑夜地在人们的心房里跑呀跑

❶ 作者开门见山地写出了自己对大雪的渴望。

呀，多少白白亮亮的孩子们呵，一群，再一群，一个一个，笑声多么迷人，这个冬夜的雪花你听见了吗？

也许，醒来在第二天第三天十几天的清晨。

十秒钟。一条直线、若干支线小黑点和一幅速写的轮廓，我把一只手掌迎向太阳，平原上的流脉竟然如此清晰，路有多窄，河有多弯，一条浅浅淡淡的地平线有多长，蚯蚓似的随着你的奔跑而奔跑，还有那么多的支线小黑点，牛马驴骡的缩小物，村庄或是城市的缩小物，但上面肯定没有哪怕一个人，比例小得不能再小了……凝视凝视，一个上午的时间过去了，我通常都是这样回忆我们的故乡的。有时候，<u>①别人的城市里，故乡就是一壶酒，一壶老酒，冬天的寒冷被一个人一口一口喝进肚子里。</u>父亲说儿啊我在昨夜梦见你了你却不知道自己乡关何处？想想，我们的美丽乡愁，我们的漂泊无定，我们的一牵一挂，我们的坚忍和眼泪——我们面前的老酒就是一壶幸福，喝酒更应该是一种幸福，那么寒冷呢？一个冬天的寒冷算不算幸福呢？

一天天幸福的流脉，别人的大雪在梦里飞花，霎时间，那些美丽的弧线纷纷扬扬的，成就了我们遥远的想象，宛然是一朵一朵的芦花模样……终于，无比熟悉的旋律响起，<u>②心灵的故乡在杯中复活重现，古老的唢呐声在平原上行走，我们的眼圈红了，我们闭上眼睛，仿佛呼吸着故乡的空气。</u>那一天，是的，芦花依旧香，踩着芦花大雪，我们回家了，两行温湿的东西不能自已，没有办法啊。透明的雪花飘来了，大

① 作者化抽象为具体，把故乡比作一壶老酒，浓醇、厚重，在我们的心里，在我们的身体里。

② 饮酒后杯中浮现心中故乡的景象，表达了对故乡的思念。

风在茫茫雪原上歌唱，翻卷起一层一层的白雾，一抬头就咽下了一口雾，行走中我们和亲人谁也望不见谁，心绪悲凉孤寂到了极点，喊吧……喊吧，我们真的喊出了他们的称呼，包括随雪飘逝的一些名字。多少年过去了，我们拼命扒开厚厚的雪地，找到他们的时候，雪地上只剩下被冻僵了的几具尸体，雪下的可真大呀，纵然没有被完全冻着的，早已经被吓了个半死，成了我们身边的一两个植物人，身上的零件也不那么完完整整了，时不时地要出现一些这样那样的毛病，我们总是祈望自己的讲述能够唤醒他们的回忆，祈望我们不再是他们眼前的会说话的工具，幻想太多太多的欢乐，但是不能，<u>①所有的往事所有的所有都已经烟消云散了，一年三百六十五天，我们还能够再祈望什么呢？什么都不祈望了吧。</u>

　　"爸爸"，我们轻轻叫出了声，父亲的无动于衷自然也在想象之中，虽然所做的这些什么作用也不起，但是叫了总要比没有的好。自己多少年以前的背叛，出走，少不更事，甚至把他们一个个往绝路上逼，泪水显得多么的苍白和多余，内心的痛苦罪恶却在<u>②汹涌澎湃</u>。太阳已经苏醒过来了，我向手的背面细细看一看，看看凹下去的毛孔还有上面凸鼓的一条条青色的河流走向，忽然之间，人的一生好像只有"爸爸"这两个字了。"爸爸"让我眼睛深处的父性苏醒，谁都无法阻止自己慢慢地老去，想象中父亲的衰老也不过如此。说起来，小儿只有 5 岁，一次和我闹气了，指着我的鼻子说我那么坏，将来我要变成世界上最老的

❶ 以反问的语气，突出了在恶劣的自然环境下生存下来的艰难。

❷ 汹涌：水奔腾向上涌的样子。澎湃：波浪互相撞击的声音。本指水势很大，波浪撞击的样子。这里指声势浩大不可阻挡。

老头的,他不知道拿"植物人"一词来比喻,只知道"老头"。我记得当时好像自己呵呵呵地笑了,见我高兴的样子,儿子顿时气上加气,他在北京一间不足 12 平方米的陋室里对我说:"爸爸,我什么什么什么什么……"当时,他说的话我什么也听不见了,^①脑子里全都是父亲在豫东的平原上辛苦劳作的身影,他吸烟他喝酒他发凶他滚了一身泥巴……想象中他没有借到 1000 块钱急得跪在爷爷的坟头哭哭哭,我两眼空空地说"爸爸,(下雪了)""爸爸,(这个冬天你冷不冷)",妻子却听不见我说的小括号里面的内容,问我冷不丁地叫谁呢,我无意识着说叫你的宝贝儿子的呗,我看见儿子古怪地笑了,我们也都笑了,随便你开心不开心……很多时候都会出现这样的一幕。

我们常常这样说,幸福就是一壶老酒,酒可以帮助你打开想象之翅。多少年多少事了,空守着一盆炉火,想象一场大雪,想象故乡的冬天,想象在冬天里慢慢行走的任何一个亲人,任何一个朋友,想象他们走路的样子,想象他们想念我的时候应该是一副什么模样,以及小小院落里一辈子也忙不完的家务,想象你……我的眼前流淌开一条大路。

这个冬天,许多人走在大路上,雪一直在下,不知道什么时候,只剩下我一个人。

最后,连我也不剩,世界白茫茫一片。

(选自《周口日报》2023 年 4 月)

❶ 以简单直白的语言写出了父亲艰辛的一生,催人泪下。

延伸思考

1. 作者内心真的只是渴望大雪吗？请结合文章谈谈你的理解。

2. 作者为何要把故乡比作一杯浓烈的酒？请结合文章简要分析。

醉　茶

名师导读

许多人喜欢喝茶，因为喝茶的时候，身心能够放松下来，享受属于自己的静谧。本文中"我"在爬山时，偶然喝到不一样的茶，这种茶的茶叶是由大山里的各种植物制成的，沏出来的茶仿佛有天地的香气，令人如痴如醉。

① 运用夸张的修辞，茶香让"我""彻底醉了"，突出茶香的浓厚。

爬北岳恒山，至山腰，入一庙，拜过，有约喝茶。茶为野茶，夹杂柴胡、毛尖、黄芩、野花、野草种种，乱七八糟，为人所采。① 不想，野水那么一泡，天地的香，竟然一口气跑到我们的心尖上。定神，三道，品五口，彻底醉了。

太阳底下，茶香跑四野，千山点点，醉倒了4个大傻瓜。

元人郑光祖"弓箭萧萧，一径入烟霞"的气象！想这醉，雅，静，是小口。与大口喝酒不同，粗鲁，喧闹，那个多么熟悉的现场何其遥远！闭上眼，日月全落了，头顶热了，灵魂就飞起来了。恍恍复惚惚，遇见了元人元曲，一个人在其中卧唱："醉翁酡，醒来徐步杖藜拖。家童伴我池塘坐，鸥鹭清波。映水红莲五六科，秋光过，两句新题破。秋霜残菊，夜雨枯荷。"他，应该坐的时间很久了，从正午坐到夜雨时分，从一幅幅"鸥鹭清波"般的清幽缥缈，直到"秋霜残菊，夜雨枯荷"的悲伤之情来临，所醉之意，我以为，恰恰应了一个"隐"字。① 可是，他，为何而隐呢？

夜读《元曲三百首》一书，后知，原文题目叫《双调·殿前欢》不假，元曲家却记载不一：一是他叫"刘时中"或"刘致"，也可以是两个互不相干的人；一是他的生卒不详，也可能是后人嫌他的名气太小，故意把他出生、去世的日期省略掉了。但奇怪的是，编注者却认为《双调·殿前欢》原作者是刘致，理由是刘致的父亲刘彦文"生前任广州怀集令，卒于长沙……大德二年，翰林学士姚燧游长沙，致（刘致）往见，为其赏识，被推荐为湖南廉访使司幕僚"，高兴的是，刘致遇见了自己生命中的"贵人"姚燧，一脚踏进了仕途，官至"江浙行省都事"，从七品，也就是现在的副处级干部，不久，就匆忙退休了。倘若依照此一说，他胡子都等白了，提拔的过程还是如此漫长，注定了他的官途一生② 怀才不遇的结局。也难怪，他为后世留下了元曲小令74首、套数4篇；更难怪今天，我们还艳羡他当年隐居乐道的生活。

茶之醉里，原来沾了元人身上的隐、三神庙的隐。恒山上，道观庙宇，香火缭绕，远望，有隐、寻隐、

❶ 通过反问句引出后文介绍对象，吸引读者阅读兴趣。

❷ 怀：怀藏。才：才能。怀有才能而没有得到施展的机会。

归隐之人在山道间蚂蚁似的移动，无疑，我们在喧闹中追求一种安静，纷杂中理出一丝清醒，最后不约而同选择了放手。人生种种，草木一瞬。人的一生，太多太多的未卜未知，就像元曲《双调·殿前欢》的作者一样，到头来，隐得无迹可寻，变成一个秘密。

数日里，每喝此茶，便共通了大山深处隐者的呼吸，宛如郑光祖、刘致在九天之外仙游，后必醉。即使把泡过五道的茶叶晒干，一闻，依旧是断断续续的山野气。

这山野气，是一种久违的香气啊。

（选自《散文选刊·下半月》2014 年第 11 期）

延伸思考

1. 本文的标题为"醉茶"，作者醉心的是哪一种茶？

_____

_____

2. 作者在文章为何要引用元曲家的事迹？

_____

_____

废名先生的"趣"

名师导读 ▶

　　网络自媒体对传统文学有巨大的冲击，文学正变得小众，正在被边缘化。在这篇文章中，作者以废名先生的写作风格为例，写出了自己对文学作品的理解，也彰显出了废名先生文学作品的特色。面对新兴的现代化媒体，作者提出了自己的担忧。

　　这几日，读书很慢，有时半途间还要返回来看看，返回来又看看，以期获得一些杂感。

　　读今人所选编的《元曲三百首》，却发现，原来，每一个字都是用来吟唱的："夜来西风里，九天雕鹗飞，困煞中原一布衣"（马致远《南吕·金字经》），"恨不该，止不过泪满旱莲腮。骂你个不良才，莫不少下你相思债"（商挺《双调·潘妃曲》），"平生不会相思，才会相思，便害相思。身似浮云，心如飞絮，气若游丝"（徐再思《双调·蟾宫曲·春情》），①这些个元人，料想不仅能作

❶ 写出了这些元人的多种技艺，突出他们的浪漫主义情怀。

191

词作曲，而且是男、女歌唱家或古曲演奏家，曲，借曲抒情，寄情山水，恰恰是元人徐再思所言"我在这里高唱当时水调歌，要识得声音是我"，成就了他们古典主义的浪漫情怀。再读元曲，能够读出来的字的音乐、韵律以及作品故事的起承转合，诗句的情绪、思想和作者们的抱负，对于明清小品散文的传承，对于近现代散文创作、研讨与发展，都影响久远。① 元曲作为旧体诗之一，只见今人品读，不见今人创作，相比唐诗宋词创作的热情程度，的确不及，但是也足见元曲的创作难度，一首元曲，必须是词、曲创作的合二为一者。

❶ 很少有人对创作元曲保持热情，突出了元曲创作难度之大。

现代文人废名先生，秉承了中国诗词之风，用字惜墨如金，清苦，古旧，且艰涩，造句干净了得，以至于他小说、散文、诗歌里的句子像写诗一样简练，不浪费一个字，多恍若隔世、诗意飘散，别于当时的旧时文风，很大程度上影响了沈从文、汪曾祺、何其芳、卞之琳、刘庆邦等人的创作。② 尤其，废名先生"作品里不留一字废话"，宛如舒缓的小夜曲般迷人。在这里，不妨引用几行废名先生小说《桥》，"天井"一章原文片段：

❷ 引用废名先生小说的原文，更具表现力和说服力。

"灯不要吹好了。"

小林也很知道感激，而且真心诚意的……史家奶奶一走开，实际上四壁是更显得明亮了一点，因为没有人遮了他的灯，他却一时间好像暗淡了好些。眼珠子一轮，随即就还了原，没有什么。这恐怕是这么的一个损失：史家奶奶的头发太白了，刚才灯底下站了那么久。

灯他吹熄了。或者他不喜欢灯照着睡，或者是，这样那边的灯光透在他的窗纸上亮。他晓得琴子同细竹都还没有睡。中间隔了一长方天井。白的窗纸，一个一个的方格子，仿佛他从来没有看过光线，小心翼翼。其实他看得画多，那些光线都填了生命。一点响动也没有，他听。刚才还听见她们唧唧咕咕的。这个静，真是静。那个天井的暗黑的一角长着苔藓，大概正在生长着。"你们干什么？"忽然若不平，答不出她们在那里干什么，明明地点着亮儿。不，简直没有答。说得更切当点，简直也不是问。

废名先生这种"恍惚感"，充盈在字字句句当中，很有现场的画面感，内心也便随着男主人公小林的心理活动变得忐忑不安。[①]这里的每一个字，好像每一行绝句，都是有生命的，有各种各样的心理语言暗示的，有表情和动作的，一下子能刻在你的心底，这就是说，我们和小说男主人公一样，在感情上共通的，都有着"简直没有答，简直也不是问"式的心理小挣扎，一个是[②]情窦初开的少年，一个是不知不觉地恋爱中的少女，嘿，这画面，有趣。

传统散文里，闪烁着"趣""情""思""礼"这些元素，尤以"趣"，更是秉承了古代诗歌、古代戏剧、明清章回小说的美学特质，不同的时代气象、人文气度，使散文有生气、有表情、有玲珑之美。散文的出现，延

❶ 废名先生文中的每一个字都富有生命力，他的写作技巧是非常高超的。

❷ 指刚懂得爱情时候的懵懂。

长了诗歌的生命。散文的多元发展，催生了小说的出现。而今天的散文创作，作者们不单单仅限于纸质媒体，而是网络自媒体、QQ、电子邮箱、手机微信、微博、博客，各地文学网站、论坛、多则几千字，少则三五十个字，从传统意义上的投稿、选稿、高门槛发表，到如今的无门槛发表，网上，手指一动，鼠标一点，秒发！

我担忧的是数量多了，质量差了，俗气多了，恶搞多了，无厘头多了，自虐多了，但是，情怀没了，思想没了，趣没了。多么可怕！

（选自《散文选刊·下半月》2017年第8期）

延伸思考

1. 废名先生写的文章具有什么样的特点？

_____

_____

2. 文章开头部分引用了大量的元曲，有什么作用？

_____

_____

3. 面对媒体多元化的时代，作者有着怎样的忧？对此你有什么理解？

_____

_____

说废话的蝉

名师导读

　　每每到了夏日，院子里总会传来阵阵蝉鸣，起初觉得聒噪，后来也慢慢习惯了。在这篇文章中，作者简单讲述了蝉的蜕变过程，以及介绍了自己童年时光捕捉爬蚱玩耍的趣事。作者到北京之后很少听到蝉鸣，对此，作者提出了自己的思考和反思。

　　①蝉是惊蛰之物，立春过后的那些雷声，每响一声，它的身子就在黄土里蹿一下，如此一来，一直蹿到立夏时节，偷了一个月夜，就悄无声息地钻出了地皮，顺着树身子往上边爬，爬到枝叶茂密处，就脱掉自己黄金色的外壳，"唧——"就飞跑了。

　　爹说："这样一个过程，蝉花了17年的时间哪！"说得我们一个个抬起了敬仰的目光，上上下下从树荫里去寻找蝉，不料，狡猾的蝉却躲在暗处，一高兴，"哧"，尿了我们一脸，你说气不气人？爹却一本正经地说："这不是蝉的尿。假如这东西落在黄土里的话，嘿嘿，可

❶ 介绍了蝉的蜕变，语言生动，富有画面感。

是成千上万个蝉宝宝哩！"爹说这话时站在了蝉的立场，好像变成了蝉的爹，不是我们的爹了，他的真实目的是不让我们逮蝉，哄谁呢？

① 运用比喻的修辞手法，把蝉的叫声比作欧美花腔女高音，生动地写出蝉鸣给人带来的震撼。

　　有蝉的季节，一夏一秋，但凡有点绿荫的地方，就会有大片大片的蝉叫声，"唧——""唧"……① 它们不分男女，高亢嘹亮，你唱我和，气势磅礴，一只只，一队队，像极了意大利歌剧里的欧美花腔女高音的范儿。我不知道它们为什么整天这么高兴，为什么一看见我，都要兴高采烈地唱歌，可是，它们唱的到底是什么歌词呢？后来偷了一个黑夜，几个人打着手电筒一路摸到河边，小心翼翼地寻找杨树、泡桐树下的地皮上，有没有针尖似的小窟窿，倘若有，你顺着小窟窿一点点往下挖，百分之百能挖到"爬蚱"，也就是童年的蝉了。逮"爬蚱"的时候，有的比较听话，手指头一探，它的几个小爪子就傻乎乎地抱住了，再一抽回手指头，它就被我们俘虏了；有的呢，心儿贼精，你的手指头刚刚碰上它的脑袋，它就往后缩，小

② 捆起手来由人捉拿，形容因无法脱逃或无力反抗而甘愿被擒获。

爪子们紧缩成一团，让你无从下手，这样的话，你只有把小窟窿挖成一个大臽子，它才肯② 束手就擒；有的，吓蒙了，还不知道外面发生了什么情况时，突然，就看见了一根手指头伸向自己，只能糊里糊涂着来到了人间；还有更可气的，你刚一碰到它，它就用前面两三个爪子恶狠狠夹你，一直夹到你感觉到疼，松手放弃为止。直到后半夜，我们逮了满满三个洗脸盆的"爬蚱"，方才大摇大摆地回家，把那么多"爬蚱"连盆儿倒扣在院中，想听一听蝉到底唱的是什么歌？是河南

民歌还是河北民歌？是中国歌剧还是意大利歌剧？

不料，天亮一掀盆儿，大部分"爬蚱"都脱了皮变成了蝉，"唧"一声，飞跑了，只剩下三五只"爬蚱"和满地的"爬蚱皮"。爹说："爬蚱皮可以卖钱，10个值5分钱。爬蚱呢，就剁剁喂鸭子吧！"我说："不行，我想听蝉唱歌呢。"爹撇撇大嘴说："笑死人了，蝉还会……唱歌？你知不知道，它们在说废话哩，它们真笨，一辈子就会说一个'唧'字。"我们仔细听了听，果然就像爹说的那样，蝉一辈子只会唱那一个字。唉，想想这些个小家伙，躲在黄土里17年，活在人间只有三四个月，除了整天在说废话之外，别的，什么手艺都不会，多可怜啊！况且，它说的那么多废话，爹毫不在乎，活得甭提多憋屈了。

这天，我们驱车行驶在北四环至八达岭高速公路方向，①经过了一个立交桥，然后是一片从天而降的蝉叫声，盘旋在天地之间，不禁大惊。一望，原来是路南边有一大片茂密的树林，真难得北京城这一块静寂之地，还没有被房地产商开发成黄金楼盘，可爱的蝉们才得一说话聊天的地方。我想起了我们河南乡村的小时候，一个一个撅着屁股逮"爬蚱"的场面，笑了。蝉，在偌大的北京城已经无处躲藏，说不定哪一天，当楼房比树木还多，它们只能躲在我们心里。

多希望蝉能把废话一直说下去啊，听一听它声音里的蓝天、大地、森林、河流、阳光、花香鸟语……

（选自《散文选刊·下半月》2015年第4期）

❶ "从天而降的蝉叫声"突出了蝉的数量之多和蝉鸣声之大，饱含情感，为下文抒情作铺垫。

延伸思考

1.这篇文章主要采用了什么修辞手法？请结合文章分析其作用。

_____

_____

2.如何理解"当楼房比树木还多，它们只能躲在我们心里"？

_____

_____

★ 参考答案 ★

第一辑　中原风情

【隐逃的倭瓜】

1.①倭瓜隐藏于浓密肥大的叶子中,不易被发现;②倭瓜到处结果,满地都是;③倭瓜悄悄生长,四处蔓延。

解析:本题考查对文章内容整体感知与知识点的归纳能力。做这类题首先要理解题干中关键词"隐逃"的含义,分析在文章中哪些地方有体现,再根据句子概括出答案。文中描写倭瓜隐藏踪迹,不让人发现,从文章的②段中可知倭瓜在成熟后"大小老少,满地都是";从③、⑤段中可知,倭瓜在成长期时总是在稠密肥大的叶子下"偷偷"地生长,并四处蔓延。

2.过渡句,将文章由上文对瓜纽纽儿的描写,转到下文对春天三四月份倭瓜秧子的描写,使文章自然贯通,融为一体。

解析:本题考查对段落在文章中作用的分析概括能力。做这类题先要理解这个自然段的意思,然后看它在文章中的位置:在开头位置,常有引起下文、点明中心的作用;在中间位置,一般起承上启下的过渡作用;在结尾的位置,就是总结全文、点明主题的作用等。⑥段在中间的位置,前半句是对⑤段的一个回答,后半句是引起下文,就是对春天的倭瓜秧的描写。

3.(1)运用拟人,活用"胆小""现出原形""慌不择路""满地乱跑"等词语,赋予了人的情态,描写出了倭瓜丰收时满地果实的景象,表达了作者的喜悦之情。

（2）示例一：运用比喻，将"倭瓜叶"比作"绿色的大手"，从色彩、形态方面表现了其旺盛的生命力。

示例二：运用叠词"浩浩荡荡""郁郁葱葱"（夸张），充分彰显了倭瓜叶铺天盖地、繁盛的生长气势，极具张力。

解析：本题考查对细节语句的赏析分析的能力。分析语句一般从修辞、关键词语、写作手法、描写方法、表达情感上对语句进行鉴赏。句（1），把倭瓜拟人化，运用拟人修辞手法，表现出秋收时节倭瓜满地的丰收景象，侧面表现出作者的喜悦心情；句（2），把叶子拟人化，更加生动描写出叶子的长势，还可以从关键词语上来表现出倭瓜的生长情况，比如"浩浩荡荡""郁郁葱葱"的繁荣长势等。

4.写作思路：以时间为线索，用倒叙的手法将倭瓜的一生完整再现出来，依次展开，思路清晰。

表现手法：①从眼前的事物写起，运用联想和想象，虚实结合，使文章内涵丰富，韵味十足；

②将倭瓜人格化，赋予其人的特点，使倭瓜形象更加生动、可爱，突出了作者的喜爱之情。

解析：本题考查文章的写作思路和写作方法的分析能力。分析文章的写作思路，首先要整体感知全文，思考作者的写作意图。本文是用倒叙的写作方法，从秋天倭瓜的成熟写到夏天的生长，再到春天的播种；运用拟人的手法，生动形象地表达出倭瓜的生长，侧面表现出作者的喜悦之情；运用想象、虚实相间的手法来丰富展现出文章的脉络。

【被掰碎的土地】

1.文章中的爹是一位勤劳能干的农民，一辈子照顾着家里的土地，爹也是一位很有家庭责任感的父亲，为了生计，扛起了家里的重担。

2.对于爹而言，土地是他操劳一辈子的地方，已经习惯了每天辛勤耕作，对这片土地有深厚的情感，土地也是爹收入的来源。

3. 因为在文章中母亲提到了把土地承包出地，如果土地被承包出去，就不再是真正属于自己家了。

【春　潮】

1. 自然环境方面：天气开始回暖，植物都开始发芽生长，动物从冬眠中苏醒过来。人们的活动方面：人们户外活动逐渐频繁，街道逐渐热闹起来。

2. 文章主要用了拟人的修辞手法，此修辞手法贯穿文章的始终。作者把周围的事物赋予了人的感情和动作，如把小芽苗比喻成小精灵，生动形象地写出了嫩芽的灵动。

3. 春潮来临前，天气还比较寒冷，暴风雪肆意侵略，万物都被覆盖在冰雪之下；春潮来临之后，万物开始复苏，动植物开始生长和活动，人们也走到户外活动。

【平原我的父】

1. 示例一：秋天，黄昏之时，农人归家，人欢马叫，炊烟升起，这些场景表现了村庄平淡、温暖的生活。

示例二：父亲在爷爷坟前哭泣的场景，只有在爷爷面前，父亲的脆弱和故作坚强的面具才可以卸掉。

2. 因为这块土地是以父亲为代表的那一部分人，操劳一辈子、打拼一辈子的心血，不忍心就这样荒废掉；另一方面作者认为农民最离不开的就是土地，要守住属于自己的地方。

【一条秧上能结多少个瓜】

1. 文中的懒汉并不是真正的懒惰，他只是很好地利用了一些农事的技巧。刚开始他把红薯放在土地里能够更好地保鲜，之后没挖完的红薯也能为土地提供养分，为玉米的生长提供了很好的土壤。

2. 通过那一场梦，说明"我"的内心深处还是非常喜欢农事的，即使在睡梦中，也牵挂着和农事相关的事。提到了爷爷，说明爷爷之前教导了"我"很多。

第二辑　黄昏一缕香

【年里年外】

1. 时间　正月十五　祭灶　除夕之夜　大年初一　正月十五

解析： 本题考查对文章整体阅读理解能力。对于题干中的问题，首先要明确文章结构，了解作者主要表达的思想，写作的意图。文章前五段详细写年前的准备工作、年中的活动、人们对过年的心情等，对于正月十五的节日活动作者只是概括地一句话带过，略写，形成了详略对比。

2. 虔诚：指恭敬而有诚意，文中指有的人家对天地二爷十分恭敬而有诚意。

解析： 本题考查文章中重点词的理解。对于词语解释，要先知道词语的本义，再根据所在句子，分析其在文中的意思。虔诚有恭敬、诚意的意思，表现出文中人们对天地神明的态度。

3. 这句话运用了比喻的修辞手法，把走亲戚的人们比作蝗虫，写出了走亲戚的人很多，急急慌慌、热闹的场面。

解析： 本题考查对重点语句理解分析能力。鉴赏语句一般从修辞、关键词语、写作手法、描写方法等方面对语句进行分析。句子运用比喻修辞，生动形象把走亲戚的人比喻成蝗虫，说明走亲戚的人多，红火火，场面比较热闹。

4. 加点句子都是四个字成一个句子，句子短小精悍，语言风格生动活泼，简洁明快，表现了人们对年的期盼、喜悦

【年关的丸子汤】

1. 步骤：泡绿豆——捞绿豆皮——磨绿豆沫儿——炸绿豆丸子

2. 文中虽然没有直接写出"我"和父母之间表达爱意的句子，但是通过和父母一起干活、父母说"我"的话，能够感受到"我"和父母之间浓浓的爱，"我们"之间是非常默契的一种状态。

【年　爷】

1. 年爷的"三绝"分别是逮野兔子、撒大网子、赶大车子，每一样都是绝活。

2. 年爷是心思细腻且内心孤独的老人，他们做事情有自己的规章和想法。

3. 作者用反问句来结尾，通过这个反问句能够看出年爷也是非常期盼着过年的，盼望着外出的人们都能回来，团圆、热闹。

【大地上的农事】

1. 本文围绕着"农事"从四个不同的节气展开了描写，用四个小标题，不仅使得文章的结构非常完整，还让整篇文章的思路非常清晰。

2. 本文语言轻松风趣、诙谐自然，拟人化的牛"兴高采烈"地干活、"比赛"，从而营造一种积极向上的乐观心态。收红薯、进红薯窖，描写生动、充满画面感，体现了农民对美好生活的希望。

【黄昏一缕香】

1. 文章标题中的香味指的是野兰花的清香。

2. 苏师傅是一位技艺高超的制茶老人，他淡泊名利，坚守自己的人生准则，面对高薪聘请的诱惑，不为之动摇。他是制茶手艺人，更是"守艺人"。

【黄昏鸟】

1.（1）以听见歌声开篇，引出本文写作内容，以歌声结尾，表现主题，突显思念之深。

（2）情节上前后照应，体现了作者的情感走向。

2. 首先，黄昏不仅是时间已经比较晚，也说明老人们的年龄较大。虽然天色渐晚，年事已高，但仍然保持着对生活的热情和希望。

第三辑 一点最光明

【十八里的半夜雪路】

1. 遭遇寂寞　心生恐惧　路遇乡间人　极度恐惧

解析： 本题考查对文章内容概括的能力。做这类概括内容的题目，要通读全文，理解文章内容。最常用的方法，就是把每个段落的意思概括出来，然后合并段落意思，最后整理出整篇文章的内容。

2. 示例：这个人为什么会认识我的家人，他竟然不回答我的问话就走了，真可怕，他到底是什么人，在这寒冷的雪夜背麦秸干什么，不会是……，我越想越害怕。

解析： 本题考查对语句中词语的理解能力。对于词语的理解，要结合整个段落的意思去分析词语的拓展义。常用的方法，先知道词语的本义，然后根据文章的内容、情节、表达的情感，来理解它的引申义，为下文的情节发展作铺垫。文中的"问号、逗号和省略号"反映出"我"的心理描写，有思考，有疑惑，有种呼之即出的答案，根据选段的上半部分判断出作者的心理想法。

3. 示例：启示一：在人生的道路上，当我们遇到困难时，应该有战胜困难的勇气，并把它转化成前进的动力，这样才能做完美的自己。启示二：要学会为自己点赞，当我们完成了一件自己都认为完成不了的事情时，一定要发自内心地鼓励自己，学会为自己的成功喝彩！启示三：家永远是我们温暖的港湾，父母的怀抱是羽翼未丰的我们最渴望的依靠。启示四：当人们遇到困难，感到无助时，会期盼得到他人的安慰和帮助。

解析：本题考查在文章主题理解上的拓展性问题分析能力。做这类开放性题目要根据文章的主题和自己的理解，阐明自己的观点，语言通顺，言之有理。可以根据面对困难，我们要怎么做，克服困难后我们总结出什么启示，对于父母对我们的爱，让我们感受到什么等这些思路来写作。

【水墨色的麦浪】

1. 因为"我"和母亲是在晚上去割麦，月光下的庄稼地麦浪就是水墨色的，表述形象、生动。

2. 这句话表达了自己对母亲深切的想念，有娘在，老家才会有期盼和挂念。

【有诗的夜晚】

1. "麦黑"主要描写了作者和父亲一起捡麦子的过程。麦黑不过是文章里的铺垫，起到了一个画龙点睛的作用。

2. 本文中用对话来推动情节发展，塑造人物性格，让读者能够跟随人物情绪进行代入感体验，与角色产生共鸣。结构非常新颖，短句成段落也使得文章读起来轻巧灵活不会沉闷。

【蒋赖货】

1. 蒋赖货具有非常强烈的个人性格，作者通过语言描写和动作描写来表现他的性格。他的脾气非常暴躁，一言不合就动手，打亲爹、亲舅；遇事不冷静，冲动，被媳妇挑拨几句就去找亲爹麻烦，不孝顺，对自己的父亲恶语相向，甚至拳脚相加。

2. 读完本文后，可以得知蒋赖货是作者在读书时期的玩伴和同窗，在同窗时期蒋赖货和"我"也有一些属于自己秘密，能够看出是比较好的朋友关系，而作者也非常想念自己曾经的那份同窗友谊。

【一点最光明】

1. 这位老师不仅教学经验非常丰富，还为人善良热情，当听到"我"喜爱唱歌，就利用自己的休息时间对"我"进行了专业的指导，是一位值得人尊敬的好老师。

2. 小时候的"我"不仅在学习上非常主动，还有着成为歌唱家的梦想。

【葫芦的一生】

1. 用对比的手法，表现出葫芦默默生长、绝不炫耀的品质，表达了作者对葫芦的赞美之情。

2. 葫芦除了可以作为食物，老去之后就可以用葫芦做一些工艺品，具有一定的文玩和收藏价值。

【吊瓜和贼】

1. 表现了作者对故乡深切的思念之情。

2. 文章结尾部分用袋子上写着的两个词语来结尾，看似非常简单的画面，实则代表着故乡的物品，"白皮"和"花皮"仿佛把作者带回了小时候。

第四辑　我家在哪里

【怒从黄河来】

1.芦花之怒、黄河之怒

解析：本题考查对文章内容的归纳概括能力。做这类题先要通读全文，了解文章的主要内容，体会作者表达的思想，也可以从文章中找出原句进行概括。文章①②④段描写芦花的景象，表现出了芦花之怒；⑤⑥段描写黄河在恶劣环境中那种"挺而不屈"的精神，表现出黄河之怒。

2.遗憾：没能看到黄河入海的壮观景象（关键词"壮观"）；收获：看到芦花怒放、黄河怒吼的壮烈场面（关键词"怒放""怒吼""壮烈"）。

解析：本题考查对段落的归纳概括能力。先从题干中找出问题的关键，再从文章中找出相应段落的主要语句进行概括。⑤⑥段写出作者没有看到黄河入海的壮观景象，⑦段写出游客的失落，⑧段描写他人没有看到黄河入海景象的遗憾，⑨段写出作者虽然没有看到想要看到的景象，但也从周围事物中领悟到芦苇在坚挺中的怒放，黄河在不屈中的怒吼。

3.（1）示例：通过"裹挟""奔腾""冲向""发泄""挣扎"等动词，生动具体地展现出了黄河水的野性力量，抒发了作者对黄河水的赞美之情。

（2）示例：运用比喻的修辞手法，生动形象地表现了芦花怒放之美，抒发了作者对芦花的喜爱和赞美之情。（从排比角度分析亦可）

解析：本题考查对语句的分析能力。做分析语句这类的题目，先找出关键词分析其意思及表达效果，或者从修辞角度分析句子表达的情感。

4.正面描写（直接描写）和侧面描写（间接描写）相结合，突出风之大，为下文写没能看到黄河入海的壮观景象作铺垫。

解析：本题考查语句的表现手法以及理解句意的能力。在解析句子时，先要对全文主题有一个整体的理解，然后再从表现手法上去分析句子的成分，以及与文章结构的联系。"风，往风的旋涡中心刮，越刮越毒。"是一个正面描写，写出风很大，很猛。"我们的头发和衣服被刮乱了，我们像一个个棋子似的，在船的甲板上弹跳不止。"这是侧面描写，表现人们在当时的情况，烘托出风大、猛烈；这一正一侧的细节描写都是为了下文没有看到黄河入海的景象作铺垫。

5.围绕"不惧生死、不屈不挠、顽强抗争、团结奋进"等关键词作答，分析到其中一点即可。

解析：本题考查对文章主题思想理解后拓展联想能力。做这类开放性题目，要在立足文章主题的基础上，结合材料的意思进行答题。把"芦花""黄河"联系在一起，就要从芦花生长在黄河边说起，芦花受黄河的影响，有了黄河的坚韧、刚毅，哪怕无法阻挡，无法改变，也要团结起来努力绽放，展现出倔强不屈、不怕生死、坚持到底的精神。

【一朵一朵白云的河】

1.本文语言优美，比喻和拟人的修辞手法在文中多处被使用到了，比如在文章的一开始，作者把炊烟、石头和春天都赋予了人的情感和动作，烘托出了唯美的意境。

2.作者在写景的时候融入了自己的情感，景中含情，情景交融，如作者在写母亲轻轻摇动纺车时，就为我们塑造了一位伟大而朴实的母亲形象，全文景色描写表达出了作者对家乡和母亲的思念之情，

3.结尾一处用了留白的手法，用省略号结尾，给读者留下了想象的空间。

【抬脚踢玉】

1.文章主要写了两件事情。第一件事是在泥泞路上找宝石，第二件事是写到"我"和朋友在书院打趣。

2.吴朋友是一个对待朋友很热情并且非常细心的人，而且为人大气豪爽。通过他把好不容易找到的黄蜡送给"我"，就可以体现出他的真诚、豪爽。

【我家在哪里】

1.乔大哥是一个十分努力的人，靠着自己的拼搏，摆脱贫穷，干出了自己的事业；乔大哥是一位细致，懂得关心和照顾身边的朋友的人；乔大哥是一位心怀感恩的好人。

2.这一碗清汤面是一位乞丐在乔大哥绝望无助时，给他的希望，这一碗清汤面温暖了大哥受伤的心灵、给了大哥力量。这个善意影响了乔大哥一辈子。

【最后一碗面】

1.全文采用了第三人称的视角，直接、客观地展现出老人的生活，不受时间和空间限制，反映现实比较灵活自由。

2.以"最后一碗面"为题，是对本文内容的精炼概括。老人辛苦忙碌了一辈子，就是为了让儿女吃饱饭，在他人生的最后时刻也是以"一碗面"结束的，这条隐形的线贯穿全文。

【水墨色的铜钹山】

1. 最后一个自然段作者用比喻的修辞手法，把自己比作成一粒粒尘土，通过反问的形式，强调自己对故乡的思念，想早日回到故乡的思想感情。

2. 铜钹山的水墨色体现在露水之下的山坡，墨色浸染之下的九仙湖，黑夜之中的铜钹山。

【海钓时，鱼原来认识我】

1. 在开始海钓之前，作者准备好了渔具和鱼饵，并且向有经验的人询问了要领和方法，进行了充分的观察和学习。

2. 在这篇文章中，作者虽然没有一次钓到过鱼，但是仍然很喜欢钓鱼，并没有觉得很懊恼，说明他是一个非常享受过程、不在意结果的人，那我们要向作者学习他的积极乐观的心态。

第五辑　想象一场大雪

【我是妈妈的蒲公英】

1. 我们都要离开家乡，都要在外谋生，我们就像离开母亲的蒲公英。

解析：本题考查对重点语句的理解分析能力。分析语句的含义，先要通读全文，掌握文章的主题，阅读整个段落，然后概括出语句表达的意思。从第⑤段的整个段落中，可知"我们"已成长大，像蒲公英一样，离开了家乡，离开了母亲，飞向远方。

2. 指的是蒲公英顽强的生命力，不求名利，无论飘落到哪里都会生根。

解析：本题考查对重点语句里的关键词的理解分析能力。对于关键词的含义分析，先要对文章的主题思想有所了解，对整个段落有一个概括，透过关键字的本义，联想出另一个意思。"野命儿"指的是蒲公英的生命力很顽强，落到哪里，就在哪里生根发芽成长，母亲自喻是蒲公英的命，不求名利，只为生存，只为努力生活。

3.人活着是需要一种勇气的，因为我们需要为了生存去竞争，去奋斗，去打拼，也是为了后辈能更好地"活"。

解析：本题考查对文章主题理解和概括能力。先要整体理解整个段落的内容，正确理解作者要表达意思，体会文章的主题。在第⑨段中先解释了我们这一代"生"的艰辛，却还在努力生存，认真奋斗，传递着父母的"爱"，然后又写出下一代，他们也在长大，延续着生活，延续着爱。

4.因为我们从母亲那儿得到的不只是生命，还得到了她们含辛茹苦的养育。

解析：本题考查对语句的理解分析能力。从第⑧段中可知，植物的生长只能靠自己，靠自然界，人类比任何一种植物都幸运，不仅有妈妈给予的生命，还有妈妈含辛茹苦的养育。

5.给"我"生命，让"我"顽强地成长，表达对妈妈的感谢之情。

解析：本题考查对文章主题思想的概括能力。对于概括主题，先要有一个对文章的整体感知，熟悉文章的结构，分析出语句要表达的意思。感谢妈妈给予我生命，养育我成人，让我在有能力时，能像草籽那样自由地生长、生活，表现出对妈妈的感激之情。

【想象一场大雪】

1.作者渴望的并不是真正的雪，而是每当下雪时节可以和故乡亲人团聚的一种期待。

2.作者把故乡比作一杯浓烈的酒，能够体现出，此时对故乡的思念就像喝酒一样会越来越浓烈，挥之不去藏在心头。

【醉　茶】

1. 作者醉心的就是产自山野间的普通的茶，用最原始的野茶和天然的水制作而成。

2. 因为作者感觉野茶中自带的香气和"隐"的情怀，就仿佛元曲家们那种隐居乐道的情怀。

【废名先生的"趣"】

1. 首先，废名先生的文学作品语句非常简洁，没有多余的话，其次，废名先生的作品都有很强的"恍惚感"。

2. 开头部分引用的元曲不仅丰富了文章的内容，还体现了作者的文化底蕴，表现了元曲的艺术美。

3. 在文章结尾，作者写出了自己的担忧，虽然现在多媒体发展迅速，发表作品没有什么门槛，但是作者担心文学作品的数量太多，偏向俗气，没有办法体现文学的情怀和思想。

【说废话的蝉】

1. 文中主要运用了拟人的修辞手法，把蝉给拟人化，把蝉鸣的叫声说成唱歌，赋予了人的动作，能够突出蝉的叫声很大。用拟人的修辞也能拉近蝉和读者之间的距离，容易产生共鸣。

2. 在北京已经很少能听到蝉鸣声，因为人们的过度开发破坏了生态平衡，已经很少有树木供蝉歇息。人类不应该为了自己的利益而破坏动植物们的生存环境，启示要保护环境，多植树造林。

— 中高考热点作家 —

中考热点作家

序　号	作　者	作　品
1	蒋建伟	水墨色的麦浪
2	刘成章	安塞腰鼓
3	秦　岭	从时光里归来
4	沈俊峰	让时光朴素
5	杜卫东	明天不封阳台
6	王若冰	山水课
7	薛林荣	西魏的微笑
8	杨文丰	自然课堂——科学视角与绿色之美
9	张行健	阳光切入麦穗
10	张庆和	峭壁上那棵酸枣树

高考热点作家

序　号	作　者	作　品
1	王剑冰	绝版的周庄
2	高亚平	躲在季节里的村庄
3	彭　程	招　手
4	乔忠延	春色第一枝
5	王必胜	霍金的分量
6	杨海蒂	北面山河
7	杨献平	人生如梦，有爱同行
8	朱　鸿	辋川尚静